Greve dos Homens

Roberto da Silva Rocha

Esse é o momento de os homens reagirem conforme a
sua natureza genotípica e racional diante da guerra
declarada pela narrativa da guerra de posição
Gramsciana de gêneros binários.

Sumário

Desde que foi desencadeada a luta de gêneros nunca ficou esclarecido a que servia esse processo mais parecido com um esquema premeditado de pensamento único – típico dos anos 2000 - dirigido e preparado para um determinado fim.

O que sabemos da luta de classes é que esse esquema foi abandonado desde as reformas de Den Xiaoping, segundo sucessor de Mao Zedong da China Continental.

A grande Revolução Cultural da China de Mao não deu certo, por isso se resolveu dar um passo para trás para poder dar dois passos para frente sem desvio da doutrina comunista de Marx, sabe-se lá qual das "trocentas" vertentes possíveis e existentes, e, depois de duas das internacionais socialistas, e dos expurgos políticos e ideológicos na URSS, na Yugoslávia, em Cuba, em Vietnam, em Camboja, em toda parte onde reinava confusão sobre o que deveria ser o autêntico comunismo genuíno. Nunca foi encontrado.

Hoje assistimos mais uma versão do comunismo num verdadeiro sincretismo de princípios de economia de mercado liberal capitalista, misturado com mercantilismo, com capitalismo de estado e modelo tripartite formado de: capital privado chinês, mais capital multinacional, e, capital estatal chinês.

Depois de ser expurgado duas vezes por Mao durante a fase conhecida como a Revolução Cultural, juntamente com centenas de membros ilustres do PCC Partido Comunista Chinês, Deng foi reintegrado em 1977 quando propôs o programa "Boluan Fanzheng" para corrigir os erros da Revolução Cultural, essa mesma revolução cultural sequestrava diariamente pessoas antirrevolucionárias, principalmente artistas, intelectuais, professores, religiosos, líderes comunitários para execração pública, julgamento popular sumário e a execução mediante tortura e sevícias corporais que poderiam durar muitas horas até a consumação da morte.

Ele se tornou o líder supremo da China no final de 1978 e lançou a Reforma e Abertura, que abriu uma nova era na China, que resultou nas mudanças que acompanhamos até os dias de hoje.

Nesse período, se introduziu diversas medidas que caracterizaram a reforma econômica, a "segunda revolução", como ele dizia, responsável pela completa transformação do país.

Foi o responsável da chamada economia de mercado socialista planejada, regime vigente na China moderna.

Ele desempenhou um papel polêmico ao reprimir os protestos da Praça Tiananmen em 1989, mas foi elogiado por reviver as reformas econômicas durante sua turnê pelo sul em 1992.

Deng foi escolhido pela revista Time como "Pessoa do Ano" duas vezes, em 1978 e 1985. Pareceu naquele momento para o Ocidente que Den estava sepultando o marxismo.

O grande resultado obtido pela economia chinesa partiu de um erro estratégico do governo norte americano do presidente Richard Nixon que julgou que capitalizando a China e enriquecendo e fazendo surgir a nova classe trabalhadora, isso iria produzir uma ruptura de dentro para fora, implodindo o sistema comunista através da formação, indiretamente, de uma poderosa classe média revolucionária, subversiva, para isso incentivou a transferência de fábricas norte americanas para locais da China com incentivos de melhorar a competitividade dos produtos dos EUA finalizados ou iniciados na China, criando uma poderosa simbiose onde os projetos, os royalties seriam dos EUA, a distribuição mundial ficaria com as instituições financeiras e comerciais dos EUA, e as patentes e os centros de criações ficariam nos EUA, sendo a China apenas uma enorme fábrica de reprodução de mercadorias sem nenhum poder de competição na criação de tecnologia supostamente que pudesse competir e concorrer com o centro perpétuo de criação de segredos da tecnologia muito avançada dos EUA.

Para isso as fábricas chinesas e as fábricas norte americanas transplantadas eram protegidas de seus segredos industriais dos chineses que receberiam as caixas pretas das máquinas robotizadas programadas pelas empresas norte americanas protegidas da bisbilhotagem e da engenharia reversa caso os chineses tentassem reproduzir ou clonar a tecnologia americana. Essa era a teoria da Dependência de Falleto e Cardoso.

Parece que o tiro saiu pela culatra. Não somente os chineses fizeram reengenharia dos produtos clonados dos americanos, como roubaram as patentes, copiaram e foram reproduzindo tecnologia secreta até atingirem o nível das empresas norte americanas.

Subestimar a capacidade tecnológica chinesa e superestimar a sua própria capacidade foram os maiores erros cometidos pela política externa norte americana. Mas o "americam life way" nunca foi aquilo, senão o "chinese life way", de acordo como aquilo que o Den permitiu que acontecesse.

O efeito demonstração do capitalismo foi usado para tentar sabotar e implodir o comunismo chinês com péssimo resultado, mas o mesmo efeito não foi o obtido na ex URSS, Ucrânia, Letônia, Estônia, Lituânia, Alemanha Democrática, onde o fascínio pelo consumismo capitalista e pelas bugigangas tecnológicas contaminaram a sociedade destes ex comunistas destruindo a ordem social e econômica socialista.

Den Xiaoping foi cuidadoso e evitou que a mudança acontecesse como no efeito Gorbachev na URSS, pois na China, a mudança nunca saiu do controle do partido comunista chinês.

O processo na Alemanha Oriental foi doloroso para a população que se viu obrigada a assimilar toda nova ordenação capitalista da Alemanha Ocidental que averbou bilhões de dólares para transformar a

economia e as instituições comunistas da outra
Alemanha.

Uma ideia boa pode ter efeitos bem para longe da ideia original, são os efeitos não antecipados das políticas de estado, como, por exemplo, a brilhante ideia de sabotar o socialismo com uma overdose de capitalismo, funcionou na ex URSS, Alemanha Oriental, mas não muito bem na Ucrânia, nem no Vietnam, porque faltaram as condições sine qua nom para funcionarem.

Outras tentativas de reengenharia social e econômica falharam flagrantemente também por efeitos não antecipados, como destruir todo vestígio de civilização muçulmana no Afeganistão.

Outra desta política que teve efeitos não antecipados e não esperados foi a política do único filho criada por Mao Zedong para controlar a explosão demográfica na China.

Rapidamente e sem uma conspiração machista os casais deram preferência para terem meninos no lugar de uma única filha menina, era mais garantia de sucesso na sociedade e para a família ter mais chances de sobreviver.

Quantas crianças do sexo feminino foram abortadas pelos casais que tiveram a informação de que o feto era menina, e quantas meninas bebês foram mortas pelos pais que queriam registrar menino.

Essa política não permitia o registro do eventual segundo filho, e implicava em pagamento de multa, e exclusão da criança do sistema escolar, do serviço de saúde e ficava sem direito à sua cidadania.

Os efeitos não antecipados de decisões individuais ou de políticas de estado foram esmiuçadas pelo economista Simonsen, pelo autor Mancur Olson, pelo matemático John Nash, ganhador do prêmio Nobel de Matemática por resolver a solução do ponto de sela do sistema de equações de escolhas na teoria dos jogos, essa teoria estuda os efeitos das escolhas de cada agente econômico num mercado onde cada um pode agir livremente de acordo com os seus interesses econômicos apenas pensando no seu lucro.

O que acontece com o mercado que é controlado pela lei de oferta e procura que deveria levar a um equilíbrio dos preços e determinar o ponto ideal de funcionamento do mercado.

Segundo Marx este sistema da mão invisível do mercado desencadeou as crises de superprodução que periodicamente produz crises no mundo capitalista, a primeira delas foi em 1929 a mais famosa crise nos EUA que destruiu a economia dos USA, e levou junto a economia da Europa.

Outras crises chamadas bolhas se seguiram como a subprime em 2008, a crise do petróleo em 1973, as hiperinflações da Hungria, Alemanha, a quebra das economias da Rússia, Brasil, a deflação de mais de 20 anos seguidos no Japão, assim fica difícil antecipar o que acontece na economia quando um dos agentes age com a sua racionalidade individual e produz ao contrário da sua vontade crises catastróficas para a economia em outro ponto da terra.

Efeito borboleta ou também chamado teoria do caos, são os efeitos de agentes que pensam estar agindo racionalmente para tentar corrigir o curso ou o prognóstico de algum problema da civilização.

Toda bula de medicação traz uma lista bastante grande dos efeitos colaterais geralmente são efeitos indesejáveis e prejudiciais de uma medicação indicada para resolver um problema de saúde, mas, acarreta em alguns transtornos para a pessoa que usa o medicamento para se curar.

Greve dos homens japoneses

Homem vegetal

Os homens vegetais no Japão se tornaram uma epidemia social, para quem não sabe, muitos homens japoneses estão voluntariamente se trancafiando em suas próprias mentes e deixaram de sair de casa para diversão em casas de show, para boates e lugares onde se pode fazer encontros sociais entre os sexos, ao contrário, preferem a vida isolada e solitária porque a economia está estagnada, e os bancos e o governo não sabem o que fazer para sair da deflação e estagflação de mais de vinte anos. A economia não cresce, as pessoas perderam a expectativa de melhorarem e tem medo de tudo piorar.

Então, os homens não consomem, não gastam seu salário por medo do futuro da economia, por isso uma família, que custa muito caro manter, e, implica em comprometimento patrimonial para com a outra geração, filhos significam despesa e compromisso financeiro muito elevados em valores presentes e intergeracionais gerando incertezas quando ao futuro dos filhos.

O resultado é que os homens japoneses não procuram parceiras para relacionamento, nem namoro, sem noivado, sem mesmo o sexo casual, e sem casamentos. São os homens vegetais que não querem sexo algum e nem contato com as mulheres.

A parte visível é que os homens ficam com a fama de emasculados, assexuados, e desinteressados pelo sexo. O Sexo se tornou uma tortura, uma maldição, e tudo começou com a mega desvalorização do dólar combinada no Hotel Plazza para recuperar a economia norte americana, acabando com os incentivos de sequências de superávit comercial para a economia japonesa pós guerra fria, e extinguir os resquícios do início do Plano Marshall, Banco Mundial, Breton Woods. Mas, ainda, não se conectou esse comportamento sexual com o acordo de Plazza. Além de serem efeitos colaterais não antecipados, falta a percepção da conexão entre eles, uma tragédia socioeconômica e de dissonância cognitiva.

Em algum momento da humanidade alguém teve a ideia brilhante de mudança para evoluir a civilização, e nem sempre com resultados esperados, ou, trazendo efeitos colaterais danosos.

Assim, a civilização passou por avanços e tentativas de avanços para testarem novas ideias e processos civilizatórios que fazem parte de nosso acervo histórico humano.

Desde a ideia de impérios hereditários que tinham o grande efeito colateral de eventualmente algum herdeiro assumir o trono numa sucessão real onde o novo monarca ou imperador herdeiro do trono não tinha o menor pendor ou talento para administrar o reino, como, por exemplo, o faraó Akneton que levou o império egípcio ao declínio por sua inabilidade para governar.

Nem sempre a culpa é do processo de escolha do dirigente, a democracia não é superior à monarquia hereditária porque possui um processo de eleição plebiscitário e baseado na simpatia e empatia dos candidatos aos cargos e jamais na capacidade de dirigir, portanto defender a democracia como forma perfeita de governo é apenas mais um dogma e uma crença vazia.

Tivemos uma vez a ideia de sistema de escravidão que perdurou durante milênios, onde se buscava expandir o império para capturar trabalhadores com mão de obra gratuita, com todas as consequência não antecipadas e indesejáveis, como, por exemplo, a reprodução exagerada dos escravos e seus descendentes que quando superou o número dos nativos passou a ser uma ameaça ao império romano, ao império egípcio; o custo para vigiar, alimentar, instalar e manter com saúde e disposição para o trabalho; então, são custos que se somam ao custo da produção de bens e serviços pelos escravizados que rapidamente se mostrou antieconômica quando em Liverpool e em Manchester as máquinas a vapor e as máquinas elétricas produziam mais e mais rápido do que a mão de obra escrava; então, os remadores, e as velas foram substituídas pelas máquinas do Titanic, e das locomotivas que tracionavam milhares de vezes mais cargas do que as carroças puxadas a cavalos, e mais rápido.

Mas de quem foi a ideia de divisão das tarefas por sexo desde antes do início da civilização humana?

Dividem as opiniões a Antropologia, a História e a Sociologia essa discussão sobre como aconteceu a divisão das tarefas sociais de acordo com a idade, com as habilidades, com o sexo e de acordo com os interesses e dedicação de cada pessoa ou categoria social.

Parece evidente que no início da humanidade a função de caçar, de construir abrigos e de defesa do ataque das feras era do macho; é consueto se pensar que as funções de amamentar, e cuidar da prole, e dos bebês fossem privativas das mulheres.

Algumas coisa foram determinísticas pela constituição física e pela fisiologia por causa do dimorfismo sexual, assim o macho leão possui um tamanho quase 30% maior do que a fêmea leoa, assim acontece com relação ao tamanho do macho urso e da fêmea ursa, com o macho humano o dimorfismo também é acentuado, o macho possui 3,5 litros de sangue enquanto a mulher possui 2,7 litros de sangue, possui o homem mais de 50% a mais de hemoglobina o que justifica a maior taxa de metabolismo, o coração e pulmão do homem é 50% maior do que o da mulher, o macho humano é em média 20% mais alto que a mulher, o homem possui 2,5 maior explosão muscular do que a mulher, o homem possui 50% a mais de massa muscular do que a mulher, a densidade óssea do homem é duas vezes maior do que a mulher, o esqueleto do macho é quase duas vezes mais pesado e maior diâmetro dos ossos. A taxa de testosterona dos machos é 95% maior do que nas mulheres.

O cérebro masculino possui mais sinapses dos neurônios e possui 1 trilhão a mais de neurônio do que o cérebro feminino que é mais leve em 40% do que o peso do cérebro masculino.

Diante desse massacre tem quem quer que os dois sejam iguais, o macho e a fêmea, ou que tenham o mesmo desempenho em todas as tarefas, que sejam feitos para as mesmas tarefas que queiram intercambiar entre si independentemente do seu sexo?

As condições ambientais servem para especializar por meio da seleção e adaptação ao longo de apenas algumas centenas de anos, como a aparição das enzimas lactase para a digestão do leite de vaca pelos humanos a menos de 700 anos, ou pela enorme vocação dos homens do círculo polar para a Matemática, por isso a lista dos ganhadores do Prêmio Nobel de Matemática e Física é dominada inteiramente por nórdicos.

Ficar nove meses por ano confinado por causa do rigoroso inverno selecionou as pessoas para a estarem concentradas em suas tarefas, ao mesmo tempo deu-lhes a chance de serem metódicos, organizados, previdentes, mas tendo que conviver em grupos familiares pequenos por até nove meses, também selecionou os temperamentos e a resistência à monotonia e a rotina, geralmente as relações sexuais são mais frequentes e necessárias para atenuar a depressão, por essa causa as pessoas tem maior resistência à excitação sexual para moderarem e prolongarem a relação sexual, imagine que um casal trancafiado do frio por nove meses chegaria a exaustão sexual se não tivessem características genéticas para a moderação sexual, a chamada frieza nórdica de temperamento social, ao contrário, uma relação sexual debaixo de uma temperatura de 40 graus célsius, como na África, precisa ser muito rápida por causa do desconforto enorme quase insuportável do calor, isso implica na seleção de pessoas que se excitam mais rapidamente e chegam rapidamente ao orgasmo sexual, daí a fama das mulheres negras serem muito excitáveis e sensuais, ao contrário da mulheres nórdicas de serem mais frias e resistentes à excitação sexual.

Trabalhar as diferenças evolutivas das espécies parece ser a melhor receita para entender o desenvolvimento da civilização e de suas diferenças, suas adaptações ao meio ambiente e as funções sociais de cada grupo e cada momento da vivência em seus grupos sociais.

Violar essas regras vai certamente produzir efeitos colaterais não antecipados que serão fatais para a civilização.

A ideia mestra por trás do feminismo parece a de se corrigir uma aparente distorção social decorrente de uma distribuição do trabalho social de modo assimétrico impondo à mulher uma desvantagem no setor do trabalho.

Existe uma hierarquia de importância social e econômica da mão de obra que divide e separa as pessoas entre aquelas que são objeto de privilégio e aquelas que são objeto de recompensa pelo seu mérito pessoal ou social.

Difícil imaginar como se pode corrigir as distorções do mercado de mão de obra sem se provocar outras distorções, desde o caso das profissões e das atividades onde as pessoas podem eventualmente ocupar posições em funções onde estão eventualmente subvalorizadas e com excessivo nível de escolarização para funções mais simples.

A recolocação ou a distribuição de funções no mercado de trabalho nunca foi um local de justiça e de merecimento, a própria estrutura piramidal acaba excluindo os tão ou mais capazes por causa não apenas da competência mais principalmente a limitação de cargos e postos de trabalho exclusivos.

O grande erro matemático da revolução francesa foi prometer a todos a igualdade no topo, ou na média, mas a igualdade melhor se consegue na base, porque em vez de transformar camponeses e operários em nobres se extinguiu o acesso à nobreza para qualquer um e para todos.

A defesa da igualdade não é a defesa da igualdade na base senão no topo, que por definição, o topo só tem importância se for para os melhores, se for só para uma minoria, salvem-se todos e salvamos os medíocres junto.

Que estímulo teria alguém para jogar futebol como o Messi ou como o Cristiano Ronaldo se todos ganhassem os mesmos salários de um goleiro, ou do defensor, ou do massagista, ou de bandeirinha, ou do gandula?

Quando reestruturamos a sociedade em função de um grupo prejudicado, sejam os cadeirantes, ou os cegos, ou os negros, ou as mulheres, ou os homossexuais, teremos que escolher dentre os cadeirantes aqueles que serão a elite e os cadeirantes que serão a base, a mesmo coisa se faz com os cegos, haverá cegos na posição de mando mas nem todos os cegos poderão ocupar essa mesmo posição por falta de oportunidades de cargos e vagas na estrutura da hierarquia, então nem todas as mulheres ou nem todos os negros poderão se beneficiar das conquistas de sua classe porque não vai haver lugar para todos os negros no topo.

Então a luta pelo reconhecimento dos grupos discriminados será a luta pela elite dos membros dos grupos discriminados, o que é uma contradição da luta e do objetivo de garantir a igualdade e a inclusão.

Ao discriminar positivamente qualquer grupo de excluídos cria-se a estrutura hierárquica dentre os excluídos para escolher os melhores dentre os excluídos para liderarem os excluídos criando uma nova categoria e exclusão: a exclusão entre os excluídos.

Quando se exclui um dos membros qualificados pelo sistema de seleção meritocrático ou pelas cotas de inclusão do sistema para substituir por uma cota de indivíduos excluídos pelo sistema em função do grupo social, mesmo que seja um membro qualificado dentre os excluídos se pode estar eliminando alguém mais qualificado que deixou de ocupar o lugar mais desejado pela necessidade da instituição.

Então voltamos ao problema da escolha da sucessão em uma monarquia hereditária, ou em uma empresa familiar onde o fundador tem qualidades as quais nenhum de seus descendentes seria capaz de reproduzir no trabalho da empresa no cargo que deixa vago o seu fundador, isso vemos com frequência infelizmente nas empresas domésticas.

Essa cota hereditária é a mais perversa porque foi institucionalizada e normalizada naturalizada e dificilmente será removida dos nossos costumes culturais.

Estamos correndo o risco de destruição da nossa civilização com as cotas feministas que são introduzidas sem contestação como avanço civilizatório para a correção do que parece ser o maior erro histórico de todos os tempos.

Suponhamos que em algum lugar da terra se devesse dar oportunidade às pessoas gordas e carecas em função dessa discriminação anterior aos gordos e carecas, sob o aplauso de pessoas que julgam estar eliminando uma grande injustiça social.

Então os gordos e carecas seriam colocados em postos e funções nunca antes pretendidos por gordos e carecas, como salva vidas, carteiros, motoboys, ciclistas, atletas olímpicos de natação, corrida, salto, volibol, futebol, motociclistas, estão depois de certo tempo faz-se a avaliação desse experimento.

Descobre-se que os carecas podem ter nenhuma mudança em suas qualidades de vida e a empresa pouco ganhou em qualidade de serviços porque trocou pessoas habilidosa por outras apenas porque eram carecas, e os gordinhos apenas provaram para si mesmo e para todos que não podem competir com as pessoas magras em atividades onde a explosão muscular e a resistência são essenciais para o desempenho da função.

Substituir homens por mulheres não apenas melhora nada na sociedade como pode ser uma catástrofe social e mundial em longo prazo, pois desestimulando os machos de se dedicarem causa a deserção dos homens de todas as atividades humanas.

A ideia de divórcio nos EUA começou parecendo uma boa saída para as mulheres que não estavam no mercado de trabalho, portanto precisavam que o ex marido as sustentasse para a sobrevivência sua e dos filhos, mas logo houve uma avalanche de divórcios nos USA, logo as mulheres perceberam que tinham uma aposentadoria perpétua sem precisarem trabalhar, podendo fazer tudo que quisesse, era uma aposentadoria que nem o Estado deu para qualquer cidadão, sendo que o Estado pode atrasar e deixar de pagar a aposentadoria, mas o pensionista vai para a cadeia.

No longo prazo começaram a surgir os efeitos não antecipados, que dificilmente as pessoas vão admitir que foram causadas pela lei do divórcio, por exemplo, as pessoas adultas em New York vivem solteiras e 59% dos adultos se encontram nessa situação, como em Tókio 70% dos adultos são solteiros, e ao contrário da série de televisão Sex in The City, as mulheres não tem vida sexual ativa porque os homens de New York e em Tóquio não querem saber das mulheres, não namoram, não fazem sexo, não têm encontros, não se interessam mais pelas mulheres.

Como ninguém percebeu os homens vegetais no Japão, que não querem vida sexual nem social?

Na Coréia do Sul os homens são proibidos de tomar a iniciativa de aproximação das mulheres, são as solteiras que devem assediar os machos, e os adultos não querem casar nem namorar, o governo da Coréia chega a oferecer 1 milhão de dólares para o quarto filho que nascer, 500 mil para o terceiro, 250 mil para o segundo e 50 mil para o primeiro filho; a população da Europa está encolhendo, morrem mais pessoas do que nascem na Rússia, Alemanha, França, Grã Bretanha, Holanda, Portugal, Espanha, Bélgica, Dinamarca, Suécia, Finlândia, Noruega, Islândia, mas o mesmo não ocorre nos países machistas como Polônia, Espanha, e todos os países muçulmanos, e entre a população muçulmana residente na Europa misândrica.

O negacionismo que é um fenômeno latente não permite admitir os erros cometidos em nome de utopias igualitaristas, todas tóxicas para a humanidade.

Se a natureza fosse equilibrada e homogênea seria o caos no universo, onde a desigualdade é a única norma de todo o universo, onde na terra a natureza extinguiu a vida em pelo menos quatro vezes sem nenhuma intenção de melhorar as condições de vida na terra, a mais famosa extinção foi a destruição dos dinossauros pela queda catastrófica de um asteroide, a segunda, a terceira e a quarta foram as glaciações que transformaram a terra em uma bola de gelo exterminando e hibernando a vida por aqui.

A natureza abomina a igualdade, por isso não existem duas impressões digitais iguais na humanidade, nem duas marcas de desenho de fundo de olho iguais, e para infernizar as pessoas que acreditam em soberania dos Estados e países, a natureza colocou 98% de todo o nióbio da terra no Brazil, colocou a metade do petróleo do mundo na Venezuela, colocou a 80% do lítio usado nas baterias dos celulares, computadores e automóveis elétricos, na Bolívia, colocou 70% das terras raras usadas para fazer os computadores na China, então o ser humano quer corrigir as distorções da natureza com a sua ação antrópica corretiva, e tem mais, a natureza colocou 90% das terras secas no hemisfério norte da terra, ficando 90% dos oceanos no hemisfério sul, não bastasse isso são necessárias 107 condições perfeitas para a vida na terra, não apenas a existência de água, como a camada de ozônio, concentração de gás carbônico para a síntese da fotossíntese das plantas verdes, precisa da lua equilibrando as estações, do ângulo correto de inclinação do eixo de rotação da terra, da órbita quase circular da terra em relação ao sol, da distância exata do sol até a terra, da posição e da existência de Júpiter protegendo a terra das ameaças de asteroides e cometas intrusos no sistema solar, das algas marinhas produzindo oxigênio, assim são parte das 107 condições perfeitas para a existência da vida na terra.

Imagina-se que sem o conhecimento perfeito das condições de vida que a natureza nos legou para a sobrevivência precisa a humanidade da interferência humana para corrigir, senão para interferir desastrosamente nesse sistema, que ao contrário dos equilibristas, não existe equilíbrio ecológico nem energético no sistema solar nem no universo, pela lei da entropia a primeira e a segunda leis da termodinâmica a energia consumida pelo universo está se esgotando, e vai acabar, nada pode deter o caos do universo ditado pela segunda lei da termodinâmica, o resto é apenas utopia de negacionistas, veganos, ecologistas, feministas, aquecimentistas, sustentabilistas, toda tribo de gente cheia de boas intenções, apreciadores do sushi de peixe cru, embora bem intencionados.

Pessoas sonham com a boa morte por falta de comida em Ghana, assim como pessoas sonham com a boa morte em Suécia e Japão por causa da depressão e pressão colocada pelas estruturas sociais massacrantes e opressoras que jogam o indivíduo em uma competição desproporcional aos objetivos de uma vida minimamente digna e com significado emocional e espiritual.

Somente depois de possuir 1300 esposas dentre as quais 300 eram concubinas é que Salomão percebeu que tinha casado com a mesma esposa 1300 vezes, pois que as pessoas não são tão diversas assim, só muda o nome e algumas características, como peso, altura, beleza, cor, temperamento, tudo igualmente monótono.

A saída para a monotonia e para a depressão foi criada pelos nossos antepassados, e se chama ritual. São os rituais que não podem ser racionalizados, nem explicados que transcendem a nossa natureza material e nos transcendem para onde os animais não podem ir, que são a filosofia e a religião.

Vivemos em um universo onde a maior parte das coisas são invisíveis, e acreditamos nelas, o que não exclui a religião nem a coloca na categoria de coisas idiotas e exóticas.

Não podemos ver o vento, mas sentimos e acreditamos em sua existência; não podemos ver a dor nem podemos medir a dor, mas aceitamos a sua existência;

não podemos ver o ar, não podemos ver o pensamento,
não podemos ver o calor, não podemos ver o frio,

Não podemos ver o tempo, não podemos ver o espaço,
não podemos ver a alegria, não podemos ver a vida,
então basearmos a nossa justificativa racional apenas
nas coisas que podemos ver e medir não seria
suficientemente possível a construção da ciência, ao
contrário dos céticos e ateus, a verdade não pode ser
alcançada materialmente, quanto mais nos
aproximamos do conhecimento científico vem uma nova
descoberta que anula tudo o que sabíamos
anteriormente, por isso a ciência conquistou a sua
credibilidade pela sua capacidade de abandonar velhos
e conhecidos e seguros conhecimentos e admitir que
esteve errada, e recomeçar sempre, e se reinventar
sempre.

Capítulo II

A Greve dos Homens

Imagine se os homens desistissem de lutar contra as leis feministas contra a suposta discriminação sexual anti-feminina.

Então os homens deixariam de produzir e trabalhar para os governos dos países que fazem leis anti machistas que são as leis que discriminam os homens e criminalizam os atos e omissões dos homens em detrimento dos valores femininos, criam privilégios e contas para as mulheres e punem com severidade os atos masculinos.

Para essa sociedade que tornou o masculino inútil deveriam os homens deixarem todas as atividades ao cargo das mulheres. Como seria esta tal sociedade apenas de mulheres?

Agora estamos simulando a hipótese de que todas as funções sociais, políticas, econômicas e desportivas são feitas pelas mulheres.

Capítulo III

Ativismo Histórico

Devemos nos preparar para pelo menos cinco séculos de disputas entre o capitalismo liberal e o socialismo e comunismo em todas as suas versões e variantes, sob nomes e aparências conspícua e discretamente escondidas sob outros nomes de sistemas políticos mitigados.

A guerra de posição pelas posições de opiniões mal começou com a Revolução de 1917, antes teve Comuna de Paris, antes teve a Revolução Francesa, e as ideias nunca morrem enquanto alguém tiver a comichão de melhorar a humanidade, desde o cristianismo.

Sempre a História foi manipulada.

Quem criou o universo?

Como foi criado o universo?

Quem venceu a segunda guerra mundial?

Como terminou a guerra fria?

Quem venceu a corrida espacial?

Como foi a Idade Média?

Como foi a revolução francesa?

Quem foi Tiradentes?

Quem descobriu o Brasil?

Como foi a ditadura no Brasil de 1964?

O Mensalão existiu?

Quem venceu a guerra da Coreia?

Quem venceu a guerra do Vietnam?

Para todas estas questões existe pelo menos três ou mais versões diferentes da História.

Nem pense que saberemos a verdade algum dia, para a Idade Média permanecer inalterada durante 987 anos foi necessário abolir todas as informações sobre o passado da humanidade daí a igreja cristã aboliu toda forma de cultura que não fosse a da igreja cristã, aboliu toda lei que não fosse a do cristianismo, aboliu toda informação disponível para os servos e vassalos, mudou a versão da história e apagou a memória da humanidade.

Esse foi o mesmo procedimento durante o comunismo na Ex URSS e países satélites, constantemente apagando e expurgando da História da humanidade e da civilização para reescrever a memória de acordo com o projeto comunista.

Os cristãos continuam reescrevendo os evangelhos, os passos e o passado de Cristo, as feministas criaram um passado nada animador para justificarem a supremacia feminina no presente, então não tem nada de novo desde que Himmler e Goebels aprenderam a manipular os fatos do passado para justificarem as ideologias, essa disputa de discursos e de narrativas nunca termina desde o dia da vitória comemorado em 6 de abril de 1944 um ano antes da guerra terminar onde somente no dia 1 de maio de 1945 as tropas nazistas se renderam ao general russo Zukhov em Berlim data que jamais será reconhecida pelos rivais da URSS os americanos e a OTAN, de mentira em mentira a História continua uma disputa sem sabermos quem voou primeiro o primeiro avião sem provas e sem documentação histórica os irmãos Wright podem ou poderiam ter voado antes porém o voo de Santos Dumont ao contrário dos Wright foi fartamente documentado, essa e outras descobertas e fatos jamais vão ser esclarecidos, lamentavelmente, nunca saberemos quem inventou a matemática diferencial e integral.

A cada releitura da bíblia teremos sempre novas doutrinas que antes eram resolvidas nos concílios, hoje são resolvidas na rede social nos debates entre o prof Sabino e o teólogo Ferreirinha de Luziânia. Amém, aleluia, Glória Deus.

É preciso ensinar um pouco de legislação Constitucional para evitar vexame nos dirigentes partidários justamente aqueles que pediram regularmente e continuamente o Impeachment dos governadores, prefeitos, e todos os presidentes da República desde 1990.

Para pedir o afastamento de mandato é necessário e condição imprescindível que um crime de responsabilidade seja cometido pelo mandatário, e no caso do Presidente da República sequer os crimes comuns podem ser motivo de afastamento, mesmo com o flagrante delito, pois o presidente da república não responde por atos e crimes alheios não relacionados ao cargo de presidente da república.

Não se pode pedir a renúncia ou o impeachment do presidente desde o primeiro dia de mandato até o último dia do mandato apenas porque estamos insatisfeitos com o mandato, com a administração pública, com as políticas, com as decisões e com o próprio presidente, nada disso pode ser usado para se pedir o impeachment, e principalmente porque ele é fascista, ou homofóbico, ou porque não gosta das vacinas, ou porque não gosta da classe artística, ou porque é antifeminista, porque é machista, porque não gosta dos gordos, carecas e baixinhos, porque fala palavrão, é preciso que cometa um crime de responsabilidade, o resto é só campanha política da

mais baixa categoria e deseduca politicamente o povo
ignorante e simples.

Crime de responsabilidade são atos ou omissões contra
a administração pública capitulados na lei específica.
Lei 1079.

Art. 1º São crimes de responsabilidade os que esta lei
especifica.

Art. 2º Os crimes definidos nesta lei, ainda quando
simplesmente tentados, são passíveis da pena de perda do
cargo, com inabilitação, até cinco anos, para o exercício de
qualquer função pública, imposta pelo Senado Federal nos
processos contra o Presidente da República ou Ministros de
Estado, contra os Ministros do Supremo Tribunal Federal ou
contra o Procurador Geral da República.

Art. 3º A imposição da pena referida no artigo anterior não
exclui o processo e julgamento do acusado por crime comum,
na justiça ordinária, nos termos das leis de processo penal.

Art. 4º São crimes de responsabilidade os atos do Presidente
da República que atentarem contra a Constituição Federal, e,
especialmente, contra:

I - A existência da União:

II - O livre exercício do Poder Legislativo, do Poder
Judiciário e dos poderes constitucionais dos Estados;

III - O exercício dos direitos políticos, individuais e sociais:

IV - A segurança interna do país:

V - A probidade na administração;

VI - A lei orçamentária;

VII - A guarda e o legal emprego dos dinheiros públicos;

VIII - O cumprimento das decisões judiciárias (Constituição,
artigo 89).

TÍTULO I

CAPÍTULO I

DOS CRIMES CONTRA A EXISTÊNCIA DA UNIÃO

Art. 5º São crimes de responsabilidade contra a existência
política da União:

1 - entreter, direta ou indiretamente, inteligência com governo
estrangeiro, provocando-o a fazer guerra ou cometer
hostilidade contra a República, prometer-lhe assistência ou
favor, ou dar-lhe qualquer auxílio nos preparativos ou planos
de guerra contra a República;

2 - tentar, diretamente e por fatos, submeter a União ou algum
dos Estados ou Territórios a domínio estrangeiro, ou dela
separar qualquer Estado ou porção do território nacional;

3 - cometer ato de hostilidade contra nação estrangeira,
expondo a República ao perigo da guerra, ou
comprometendo-lhe a neutralidade;

4 - revelar negócios políticos ou militares, que devam ser mantidos secretos a bem da defesa da segurança externa ou dos interesses da Nação;

5 - auxiliar, por qualquer modo, nação inimiga a fazer a guerra ou a cometer hostilidade contra a República;

6 - celebrar tratados, convenções ou ajustes que comprometam a dignidade da Nação;

7 - violar a imunidade dos embaixadores ou ministros estrangeiros acreditados no país;

8 - declarar a guerra, salvo os casos de invasão ou agressão estrangeira, ou fazer a paz, sem autorização do Congresso Nacional.

9 - não empregar contra o inimigo os meios de defesa de que poderia dispor;

10 - permitir o Presidente da República, durante as sessões legislativas e sem autorização do Congresso Nacional, que forças estrangeiras transitem pelo território do país, ou, por motivo de guerra, nele permaneçam temporariamente;

11 - violar tratados legitimamente feitos com nações estrangeiras.

CAPÍTULO II

DOS CRIMES CONTRA O LIVRE EXERCÍCIO DOS PODERES CONSTITUCIONAIS

Art. 6º São crimes de responsabilidade contra o livre exercício dos poderes legislativo e judiciário e dos poderes constitucionais dos Estados:

1 - tentar dissolver o Congresso Nacional, impedir a reunião ou tentar impedir por qualquer modo o funcionamento de qualquer de suas Câmaras;

2 - usar de violência ou ameaça contra algum representante da Nação para afastá-lo da Câmara a que pertença ou para coagí-lo no modo de exercer o seu mandato bem como conseguir ou tentar conseguir o mesmo objetivo mediante suborno ou outras formas de corrupção;

3 - violar as imunidades asseguradas aos membros do Congresso Nacional, das Assembléias Legislativas dos Estados, da Câmara dos Vereadores do Distrito Federal e das Câmaras Municipais;

4 - permitir que força estrangeira transite pelo território do país ou nele permaneça quando a isso se oponha o Congresso Nacional;

5 - opor-se diretamente e por fatos ao livre exercício do Poder Judiciário, ou obstar, por meios violentos, ao efeito dos seus atos, mandados ou sentenças;

6 - usar de violência ou ameaça, para constranger juiz, ou jurado, a proferir ou deixar de proferir despacho, sentença ou voto, ou a fazer ou deixar de fazer ato do seu ofício;

7 - praticar contra os poderes estaduais ou municipais ato definido como crime neste artigo;

8 - intervir em negócios peculiares aos Estados ou aos Municípios com desobediência às normas constitucionais.

CAPÍTULO III

DOS CRIMES CONTRA O EXERCÍCIO DOS DIREITOS POLÍTICOS, INDIVIDUAIS E SOCIAIS

Art. 7º São crimes de responsabilidade contra o livre exercício dos direitos políticos, individuais e sociais:

1- impedir por violência, ameaça ou corrupção, o livre exercício do voto;

2 - obstar ao livre exercício das funções dos mesários eleitorais;

3 - violar o escrutínio de seção eleitoral ou inquinar de nulidade o seu resultado pela subtração, desvio ou inutilização do respectivo material;

4 - utilizar o poder federal para impedir a livre execução da lei eleitoral;

5 - servir-se das autoridades sob sua subordinação imediata para praticar abuso do poder, ou tolerar que essas autoridades o pratiquem sem repressão sua;

6 - subverter ou tentar subverter por meios violentos a ordem política e social;

7 - incitar militares à desobediência à lei ou infração à disciplina;

8 - provocar animosidade entre as classes armadas ou contra elas, ou delas contra as instituições civis;

9 - violar patentemente qualquer direito ou garantia individual constante do art. 141 e bem assim os direitos sociais assegurados no artigo 157 da Constituição;

10 - tomar ou autorizar durante o estado de sítio, medidas de repressão que excedam os limites estabelecidos na Constituição.

CAPÍTULO IV

DOS CRIMES CONTRA A SEGURANÇA INTERNA DO PAÍS

Art. 8º São crimes contra a segurança interna do país:

1 - tentar mudar por violência a forma de governo da República;

2 - tentar mudar por violência a Constituição Federal ou de algum dos Estados, ou lei da União, de Estado ou Município;

3 - decretar o estado de sítio, estando reunido o Congresso Nacional, ou no recesso deste, não havendo comoção interna grave nem fatos que evidenciem estar a mesma a irromper ou não ocorrendo guerra externa;

4 - praticar ou concorrer para que se perpetre qualquer dos crimes contra a segurança interna, definidos na legislação penal;

5 - não dar as providências de sua competência para impedir ou frustrar a execução desses crimes;

6 - ausentar-se do país sem autorização do Congresso Nacional;

7 - permitir, de forma expressa ou tácita, a infração de lei federal de ordem pública;

8 - deixar de tomar, nos prazos fixados, as providências determinadas por lei ou tratado federal e necessário a sua execução e cumprimento.

CAPÍTULO V

DOS CRIMES CONTRA A PROBIDADE NA ADMINISTRAÇÃO

Art. 9º São crimes de responsabilidade contra a probidade na administração:

1 - omitir ou retardar dolosamente a publicação das leis e resoluções do Poder Legislativo ou dos atos do Poder Executivo;

2 - não prestar ao Congresso Nacional dentro de sessenta dias após a abertura da sessão legislativa, as contas relativas ao exercício anterior;

3 - não tornar efetiva a responsabilidade dos seus subordinados, quando manifesta em delitos funcionais ou na prática de atos contrários à Constituição;

4 - expedir ordens ou fazer requisição de forma contrária às disposições expressas da Constituição;

5 - infringir no provimento dos cargos públicos, as normas legais;

6 - Usar de violência ou ameaça contra funcionário público para coagí-lo a proceder ilegalmente, bem como utilizar-se de suborno ou de qualquer outra forma de corrupção para o mesmo fim;

7 - proceder de modo incompatível com a dignidade, a honra e o decôro do cargo.

CAPÍTULO VI

DOS CRIMES CONTRA A LEI ORÇAMENTÁRIA

Art. 10. São crimes de responsabilidade contra a lei orçamentária:

1- Não apresentar ao Congresso Nacional a proposta do orçamento da República dentro dos primeiros dois meses de cada sessão legislativa;

2 - Exceder ou transportar, sem autorização legal, as verbas do orçamento;

3 - Realizar o estorno de verbas;

4 - Infringir , patentemente, e de qualquer modo, dispositivo da lei orçamentária.

5) deixar de ordenar a redução do montante da dívida consolidada, nos prazos estabelecidos em lei, quando o montante ultrapassar o valor resultante da aplicação do limite máximo fixado pelo Senado Federal;   (Incluído pela Lei nº 10.028, de 2000)

6) ordenar ou autorizar a abertura de crédito em desacordo com os limites estabelecidos pelo Senado Federal, sem fundamento na lei orçamentária ou na de crédito adicional ou com inobservância de prescrição legal;   (Incluído pela Lei nº 10.028, de 2000)

7) deixar de promover ou de ordenar na forma da lei, o cancelamento, a amortização ou a constituição de reserva para anular os efeitos de operação de crédito realizada com inobservância de limite, condição ou montante estabelecido em lei;   (Incluído pela Lei nº 10.028, de 2000)

8) deixar de promover ou de ordenar a liquidação integral de operação de crédito por antecipação de receita orçamentária, inclusive os respectivos juros e demais encargos, até o encerramento do exercício financeiro;   (Incluído pela Lei nº 10.028, de 2000)

9) ordenar ou autorizar, em desacordo com a lei, a realização de operação de crédito com qualquer um dos demais entes da Federação, inclusive suas entidades da administração indireta, ainda que na forma de novação, refinanciamento ou postergação de dívida contraída anteriormente;   ((Incluído pela Lei nº 10.028, de 2000)

10) captar recursos a título de antecipação de receita de tributo ou contribuição cujo fato gerador ainda não tenha ocorrido; (Incluído pela Lei nº 10.028, de 2000)

11) ordenar ou autorizar a destinação de recursos provenientes da emissão de títulos para finalidade diversa da prevista na lei que a autorizou; (Incluído pela Lei nº 10.028, de 2000)

12) realizar ou receber transferência voluntária em desacordo com limite ou condição estabelecida em lei. (Incluído pela Lei nº 10.028, de 2000)

CAPÍTULO VII

DOS CRIMES CONTRA A GUARDA E LEGAL EMPREGO DOS DINHEIROS PÚBLICOS:

Art. 11. São crimes contra a guarda e legal emprego dos dinheiros públicos:

1 - ordenar despesas não autorizadas por lei ou sem observânciadas prescrições legais relativas às mesmas;

2 - Abrir crédito sem fundamento em lei ou sem as formalidades legais;

3 - Contrair empréstimo, emitir moeda corrente ou apólices, ou efetuar operação de crédito sem autorização legal;

4 - alienar imóveis nacionais ou empenhar rendas públicas sem autorização legal;

5 - negligenciar a arrecadação das rendas impostos e taxas, bem como a conservação do patrimônio nacional.

CAPÍTULO VIII

DOS CRIMES CONTRA O CUMPRIMENTO DAS DECISÕES JUDICIÁRIAS;

Art. 12. São crimes contra o cumprimento das decisões judiciárias:

1 - impedir, por qualquer meio, o efeito dos atos, mandados ou decisões do Poder Judiciário;

2 - Recusar o cumprimento das decisões do Poder Judiciário no que depender do exercício das funções do Poder Executivo;

3 - deixar de atender a requisição de intervenção federal do Supremo Tribunal Federal ou do Tribunal Superior Eleitoral;

4 - Impedir ou frustrar pagamento determinado por sentença judiciária.

TÍTULO II

DOS MINISTROS DE ESTADO

Art. 13. São crimes de responsabilidade dos Ministros de Estado;

1 - os atos definidos nesta lei, quando por eles praticados ou ordenados;

2 - os atos previstos nesta lei que os Ministros assinarem com o Presidente da República ou por ordem deste praticarem;

3 - A falta de comparecimento sem justificação, perante a Câmara dos Deputados ou o Senado Federal, ou qualquer das suas comissões, quando uma ou outra casa do Congresso os convocar para pessoalmente, prestarem informações acerca de assunto previamente determinado;

4 - Não prestarem dentro em trinta dias e sem motivo justo, a qualquer das Câmaras do Congresso Nacional, as informações que ela lhes solicitar por escrito, ou prestarem-nas com falsidade.

PARTE SEGUNDA
PROCESSO E JULGAMENTO
TÍTULO ÚNICO
DO PRESIDENTE DA REPÚBLICA E MINISTROS DE ESTADO
CAPÍTULO I
DA DENÚNCIA

Art. 14. É permitido a qualquer cidadão denunciar o Presidente da República ou Ministro de Estado, por crime de responsabilidade, perante a Câmara dos Deputados.

Art. 15. A denúncia só poderá ser recebida enquanto o denunciado não tiver, por qualquer motivo, deixado definitivamente o cargo.

Art. 16. A denúncia assinada pelo denunciante e com a firma reconhecida, deve ser acompanhada dos documentos que a comprovem, ou da declaração de impossibilidade de apresentá-los, com a indicação do local onde possam ser encontrados, nos crimes de que haja prova testemunhal, a denúncia deverá conter o rol das testemunhas, em número de cinco no mínimo.

Art. 17. No processo de crime de responsabilidade, servirá de escrivão um funcionário da Secretaria da Câmara dos Deputados, ou do Senado, conforme se achar o mesmo em uma ou outra casa do Congresso Nacional.

Art. 18. As testemunhas arroladas no processo deverão comparecer para prestar o seu depoimento, e a Mesa da Câmara dos Deputados ou do Senado por ordem de quem serão notificadas, tomará as providências legais que se tornarem necessárias legais que se tornarem necessárias para compelí-las a obediência.

CAPÍTULO II
DA ACUSAÇÃO

Art. 19. Recebida a denúncia, será lida no expediente da sessão seguinte e despachada a uma comissão especial eleita, da qual participem, observada a respectiva proporção, representantes de todos os partidos para opinar sobre a mesma.

Art. 20. A comissão a que alude o artigo anterior se reunirá dentro de 48 horas e, depois de eleger seu Presidente e relator, emitirá parecer, dentro do prazo de dez dias, sôbre se a denúncia deve ser ou não julgada objeto de deliberação. Dentro desse período poderá a comissão proceder às diligências que julgar necessárias ao esclarecimento da denúncia.

§ 1º O parecer da comissão especial será lido no expediente da sessão da Câmara dos Deputados e publicado integralmente no Diário do Congresso Nacional e em avulsos, juntamente com a denúncia, devendo as publicações ser distribuídas a todos os deputados.

§ 2º Quarenta e oito horas após a publicação oficial do parecer da Comissão especial, será o mesmo incluído, em primeiro lugar, na ordem do dia da Câmara dos Deputados, para uma discussão única.

Art. 21. Cinco representantes de cada partido poderão falar, durante uma hora, sobre o parecer, ressalvado ao relator da comissão especial o direito de responder a cada um.

Art. 22. Encerrada a discussão do parecer, e submetido o mesmo a votação nominal, será a denúncia, com os documentos que a instruam, arquivada, se não fôr considerada objeto de deliberação. No caso contrário, será remetida por cópia autêntica ao denunciado, que terá o prazo de vinte dias para contestá-la e indicar os meios de prova com que pretenda demonstrar a verdade do alegado.

§ 1º Findo esse prazo e com ou sem a contestação, a comissão especial determinará as diligências requeridas, ou que julgar convenientes, e realizará as sessões necessárias para a tomada do depoimento das testemunhas de ambas as partes, podendo ouvir o denunciante e o denunciado, que poderá assistir pessoalmente, ou por seu procurador, a tôdas as audiências e diligências realizadas pela comissão, interrogando e contestando as testemunhas e requerendo a reinquirição ou acareação das mesmas.

§ 2º Findas essas diligências, a comissão especial proferirá, no prazo de dez dias, parecer sobre a procedência ou improcedência da denúncia.

§ 3º Publicado e distribuído esse parecer na forma do § 1º do art. 20, será o mesmo, incluído na ordem do dia da sessão imediata para ser submetido a duas discussões, com o interregno de 48 horas entre uma e outra.

§ 4º Nas discussões do parecer sôbre a procedência ou improcedência da denúncia, cada representante de partido poderá falar uma só vez e durante uma hora, ficando as questões de ordem subordinadas ao disposto no § 2º do art. 20.

Art. 23. Encerrada a discussão do parecer, será o mesmo submetido a votação nominal, não sendo permitidas, então, questões de ordem, nem encaminhamento de votação.

§ 1º Se da aprovação do parecer resultar a procedência da denúncia, considerar-se-á decretada a acusação pela Câmara dos Deputados.

§ 2º Decretada a acusação, será o denunciado intimado imediatamente pela Mesa da Câmara dos Deputados, por intermédio do 1º Secretário.

§ 3º Se o denunciado estiver ausente do Distrito Federal, a sua intimação será solicitada pela Mesa da Câmara dos Deputados, ao Presidente do Tribunal de Justiça do Estado em que êle se encontrar.

§ 4º A Câmara dos Deputados elegerá uma comissão de três membros para acompanhar o julgamento do acusado.

§ 5º São efeitos imediatos ao decreto da acusação do Presidente da República, ou de Ministro de Estado, a suspensão do exercício das funções do acusado e da metade do subsídio ou do vencimento, até sentença final.

§ 6º Conforme se trate da acusação de crime comum ou de responsabilidade, o processo será enviado ao Supremo Tribunal Federal ou ao Senado Federal.

CAPÍTULO III

DO JULGAMENTO

Art. 24. Recebido no Senado o decreto de acusação com o processo enviado pela Câmara dos Deputados e apresentado o libelo pela comissão acusadora, remeterá o Presidente cópia de tudo ao acusado, que, na mesma ocasião e nos termos dos parágrafos 2º e 3º do art. 23, será notificado para comparecer em dia prefixado perante o Senado.

Parágrafo único. Ao Presidente do Supremo Tribunal Federal enviar-se-á o processo em original, com a comunicação do dia designado para o julgamento.

Art. 25. O acusado comparecerá, por si ou pêlos seus advogados, podendo, ainda, oferecer novos meios de prova.

Art. 26. No caso de revelia, marcará o Presidente novo dia para o julgamento e nomeará para a defesa do acusado um advogado, a quem se facultará o exame de todas as peças de acusação.

Art. 27. No dia aprazado para o julgamento, presentes o acusado, seus advogados, ou o defensor nomeado a sua revelia, e a comissão acusadora, o Presidente do Supremo Tribunal Federal, abrindo a sessão, mandará ler o processo preparatório o libelo e os artigos de defesa; em seguida inquirirá as testemunhas, que deverão depor publicamente e fora da presença umas das outras.

Art. 28. Qualquer membro da Comissão acusadora ou do Senado, e bem assim o acusado ou seus advogados, poderão requerer que se façam às testemunhas perguntas que julgarem necessárias.

Parágrafo único. A Comissão acusadora, ou o acusado ou seus advogados, poderão contestar ou argüir as testemunhas sem contudo interrompê-las e requerer a acareação.

Art. 29. Realizar-se-á a seguir o debate verbal entre a comissão acusadora e o acusado ou os seus advogados pelo prazo que o Presidente fixar e que não poderá exceder de duas horas.

Art. 30. Findos os debates orais e retiradas as partes, abrir-se-á discussão sobre o objeto da acusação.

Art. 31. Encerrada a discussão o Presidente do Supremo Tribunal Federal fará relatório resumido da denúncia e das provas da acusação e da defesa e submeterá a votação nominal dos senadores o julgamento.

Art. 32. Se o julgamento for absolutório produzirá desde logo, todos os efeitos a favor do acusado.

Art. 33. No caso de condenação, o Senado por iniciativa do presidente fixará o prazo de inabilitação do condenado para o exercício de qualquer função pública; e no caso de haver crime comum deliberará ainda sobre se o Presidente o deverá submeter à justiça ordinária, independentemente da ação de qualquer interessado.

Art. 34. Proferida a sentença condenatória, o acusado estará, ipso facto destituído do cargo.

Art. 35. A resolução do Senado constará de sentença que será lavrada, nos autos do processo, pelo Presidente do Supremo Tribunal Federal, assinada pêlos senadores que funcionarem como juizes, transcrita na ata da sessão e, dentro desta, publicada no Diário Oficial e no Diário do Congresso Nacional.

Art. 36. Não pode interferir, em nenhuma fase do processo de responsabilidade do Presidente da República ou dos Ministros de Estado, o deputado ou senador;

a) que tiver parentesco consangüíneo ou afim, com o acusado, em linha reta; em linha colateral, os irmãos cunhados, enquanto durar o cunhado, e os primos co-irmãos;

b) que, como testemunha do processo tiver deposto de ciência própria.

Art. 37. O congresso Nacional deverá ser convocado, extraordinariamente, pelo terço de uma de suas câmaras, caso a sessão legislativa se encerre sem que se tenha ultimado o julgamento do Presidente da República ou de Ministro de Estado, bem como no caso de ser necessário o início imediato do processo.

Art. 38. No processo e julgamento do Presidente da República e dos Ministros de Estado, serão subsidiários desta lei, naquilo em que lhes forem aplicáveis, assim os regimentos internos da Câmara dos Deputados e do Senado Federal, como o Código de Processo Penal.

PARTE TERCEIRA

TÍTULO I

CAPÍTULO I

DOS MINISTROS DO SUPREMO TRIBUNAL FEDERAL

Art. 39. São crimes de responsabilidade dos Ministros do Supremo Tribunal Federal:

1- altera, por qualquer forma, exceto por via de recurso, a decisão ou voto já proferido em sessão do Tribunal;

2 - proferir julgamento, quando, por lei, seja suspeito na causa;

3 - exercer atividade político-partidária;

4 - ser patentemente desidioso no cumprimento dos deveres do cargo;

5 - proceder de modo incompatível com a honra dignidade e decôro de suas funções.

Art. 39-A. Constituem, também, crimes de responsabilidade do Presidente do Supremo Tribunal Federal ou de seu substituto quando no exercício da Presidência, as condutas previstas no art. 10 desta Lei, quando por eles ordenadas ou praticadas.   (Incluído pela Lei nº 10.028, de .2000)

Parágrafo único. O disposto neste artigo aplica-se aos Presidentes, e respectivos substitutos quando no exercício da Presidência, dos Tribunais Superiores, dos Tribunais de Contas, dos Tribunais Regionais Federais, do Trabalho e Eleitorais, dos Tribunais de Justiça e de Alçada dos Estados e do Distrito Federal, e aos Juízes Diretores de Foro ou função equivalente no primeiro grau de jurisdição.   (Incluído pela Lei nº 10.028, de .2000)

CAPÍTULO II

DO PROCURADOR GERAL DA REPÚBLICA

Art. 40. São crimes de responsabilidade do Procurador Geral da República:

1 - emitir parecer, quando, por lei, seja suspeito na causa;

2 - recusar-se a prática de ato que lhe incumba;

3 - ser patentemente desidioso no cumprimento de suas atribuições;

4 - proceder de modo incompatível com a dignidade e o decôro do cargo.

Art. 40-A. Constituem, também, crimes de responsabilidade do Procurador-Geral da República, ou de seu substituto quando no exercício da chefia do Ministério Público da União, as condutas previstas no art. 10 desta Lei, quando por eles ordenadas ou praticadas.

Parágrafo único. O disposto neste artigo aplica-se:

I – ao Advogado-Geral da União;

II – aos Procuradores-Gerais do Trabalho, Eleitoral e Militar, aos Procuradores-Gerais de Justiça dos Estados e do Distrito Federal, aos Procuradores-Gerais dos Estados e do Distrito Federal, e aos membros do Ministério Público da União e dos Estados, da Advocacia-Geral da União, das Procuradorias dos Estados e do Distrito Federal, quando no exercício de função de chefia das unidades regionais ou locais das respectivas instituições.

TÍTULO II

DO PROCESSO E JULGAMENTO

CAPÍTULO I

DA DENÚNCIA

Art. 41. É permitido a todo cidadão denunciar perante o Senado Federal, os Ministros do Supremo Tribunal Federal e o Procurador Geral da República, pêlos crimes de responsabilidade que cometerem (artigos 39 e 40).

Art. 41-A. Respeitada a prerrogativa de foro que assiste às autoridades a que se referem o parágrafo único do art. 39-A e o inciso II do parágrafo único do art. 40-A, as ações penais contra elas ajuizadas pela prática dos crimes de responsabilidade previstos no art. 10 desta Lei serão processadas e julgadas de acordo com o rito instituído pela Lei nº 8.038, de 28 de maio de 1990, permitido, a todo cidadão, o oferecimento da denúncia.

Art. 42. A denúncia só poderá ser recebida se o denunciado não tiver, por qualquer motivo, deixado definitivamente o cargo.

Art. 43. A denúncia, assinada pelo denunciante com a firma reconhecida deve ser acompanhada dos documentos que a comprovem ou da declaração de impossibilidade de apresentá-los, com a indicação do local onde possam ser encontrados. Nos crimes de que haja prova testemunhal, a denúncia deverá conter o rol das testemunhas, em número de cinco, no mínimo.

Art. 44. Recebida a denúncia pela Mesa do Senado, será lida no expediente da sessão seguinte e despachada a uma comissão especial, eleita para opinar sobre a mesma.

Art. 45. A comissão a que alude o artigo anterior, reunir-se-á dentro de 48 horas e, depois de eleger o seu presidente e relator, emitirá parecer no prazo de 10 dias sobre se a denúncia deve ser, ou não julgada objeto de deliberação. Dentro desse período poderá a comissão proceder às diligências que julgar necessárias.

Art. 46. O parecer da comissão, com a denúncia e os documentos que a instruírem, será lido no expediente de sessão do Senado, publicado no Diário do Congresso

Nacional e em avulsos, que deverão ser distribuídos entre os senadores, e dado para ordem do dia da sessão seguinte.

Art. 47. O parecer será submetido a uma só discussão, e a votação nominal considerando-se aprovado se reunir a maioria simples de votos.

Art. 48. Se o Senado resolver que a denúncia não deve constituir objeto de deliberação, serão os papeis arquivados.

Art. 49. Se a denúncia for considerada objeto de deliberação, a Mesa remeterá cópia de tudo ao denunciado, para responder à acusação no prazo de 10 dias.

Art. 50. Se o denunciado estiver fora do Distrito Federal, a cópia lhe será entregue pelo Presidente do Tribunal de Justiça do Estado em que se achar. Caso se ache fora do país ou em lugar incerto e não sabido, o que será verificado pelo 1º Secretário do Senado, a intimação farse-á por edital, publicado no Diário do Congresso Nacional, com a antecedência de 60 dias, aos quais se acrescerá, em comparecendo o denunciado, o prazo do art. 49.

Art. 51. Findo o prazo para a resposta do denunciado, seja esta recebida, ou não, a comissão dará parecer, dentro de dez dias, sobre a procedência ou improcedência da acusação.

Art. 52. Perante a comissão, o denunciante e o denunciado poderão comparecer pessoalmente ou por procurador, assistir a todos os atos e diligências por ela praticados, inquirir, reinquirir, contestar testemunhas e requerer a sua acareação. Para esse efeito, a comissão dará aos interessados conhecimento das suas reuniões e das diligências a que deva proceder, com a indicação de lugar, dia e hora.

Art. 53. Findas as diligências, a comissão emitirá sobre o seu parecer, que será publicado e distribuído, com todas as peças que o instruírem e dado para ordem do dia 48 horas, no mínimo, depois da distribuição.

Art. 54. Esse parecer terá uma só discussão e considerar-se-á aprovado se, em votação nominal, reunir a maioria simples dos votos.

Art. 55. Se o Senado entender que não procede a acusação, serão os papeis arquivados. Caso decida o contrário, a Mesa dará imediato conhecimento dessa decisão ao Supremo Tribunal Federal, ao Presidente da República, ao denunciante e ao denunciado.

Art. 56. Se o denunciado não estiver no Distrito Federal, a decisão ser-lhe-á comunicada a requisição da Mesa, pelo Presidente do Tribunal de Justiça do Estado onde se achar. Se estiver fora do país ou em lugar incerto e não sabido, o que será verificado pelo 1º Secretário do Senado, far-se-á a intimação mediante edital pelo *Diário do Congresso Nacional*, com a antecedência de 60 dias.

Art. 57. A decisão produzirá desde a data da sua intimação os seguintes efeitos, contra o denunciado:

a) ficar suspenso do exercício das suas funções até sentença final;

b) ficar sujeito a acusação criminal;

c) perder, até sentença final, um terço dos vencimentos, que lhe será pago no caso de absolvição.

CAPÍTULO II

DA ACUSAÇÃO E DA DEFESA

Art. 58. Intimado o denunciante ou o seu procurador da decisão a que aludem os três últimos artigos, ser-lhe-á dada vista do processo, na Secretaria do Senado, para, dentro de 48 horas, oferecer o libelo acusatório e o rol das testemunhas. Em seguida abrir-se-á vista ao denunciado ou ao seu defensor, pelo mesmo prazo para oferecer a contrariedade e o rol das testemunhas.

Art. 59. Decorridos esses prazos, com o libelo e a contrariedade ou sem eles, serão os autos remetidos, em original, ao Presidente do Supremo Tribunal Federal, ou ao seu substituto legal, quando seja ele o denunciado, comunicando-se-lhe o dia designado para o julgamento e convidando-o para presidir a sessão.

Art. 60. O denunciante e o acusado serão notificados pela forma estabelecida no art. 56. para assistirem ao julgamento, devendo as testemunhas ser, por um magistrado, intimadas a comparecer a requisição da Mesa.

Parágrafo único. Entre a notificação e o julgamento deverá mediar o prazo mínimo de 10 dias.

Art. 61. No dia e hora marcados para o julgamento, o Senado reunir-se-á, sob a presidência do Presidente do Supremo Tribunal Federal ou do seu substituto legal. Verificada a presença de número legal de senadores, será aberta a sessão e feita a chamada das partes, acusador e acusado, que poderão comparecer pessoalmente ou pêlos seus procuradores.

Art. 62. A revelia do acusador não importará transferência do julgamento, nem perempção da acusação.

§ 1º A revelia do acusado determinará o adiamento de julgamento, para o qual o Presidente designará novo dia, nomeando um advogado para defender o revel.

§ 2º Ao defensor nomeado será, facultado o exame de tôdas as peças do processo.

Art. 63. No dia definitivamente aprazado para o julgamento, verificado o número legal de senadores será aberta a sessão e facultado o ingresso às partes ou aos seus procuradores. Serão juizes todos os senadores presentes, com exceção dos impedidos nos termos do art. 36.

Parágrafo único. O impedimento poderá ser oposto pelo acusador ou pelo acusado e invocado por qualquer senador.

Art. 64. Constituído o Senado em Tribunal de julgamento, o Presidente mandará ler o processo e, em seguida, inquirirá publicamente as testemunhas, fora da presença umas das outras.

Art. 65. O acusador e o acusado, ou os seus procuradores, poderão reinquirir as testemunhas, contestá-las sem interrompê-las e requerer a sua acareação sejam feitas as perguntas que julgar necessárias.

Art. 66. Finda a inquirição, haverá debate oral, facultadas a réplica e a tréplica entre o acusador e o acusado, pelo prazo que o Presidente determinar,

Parágrafo único. Ultimado o debate, retirar-se-ão partes do recinto da sessão e abrir-se-á uma discussão única entre os senadores sobre o objeto da acusação.

Art. 67. Encerrada a discussão, fará o Presidente um relatório resumido dos fundamentos da acusação e da defesa, bem como das respectivas provas, submetendo em seguida o caso a julgamento.

CAPÍTULO III

DA SENTENÇA

Art. 68. O julgamento será feito, em votação nominal pêlos senadores desimpedidos que responderão "sim" ou "não" à seguinte pergunta enunciada pelo Presidente: "Cometeu o acusado F. o crime que lhe é imputado e deve ser condenado à perda do seu cargo?"

Parágrafo único. Se a resposta afirmativa obtiver, pelo menos, dois terços dos votos dos senadores presentes, o Presidente fará nova consulta ao plenário sobre o tempo não excedente de cinco anos, durante o qual o condenado deverá ficar inabilitado para o exercício de qualquer função pública.

Art. 69. De acordo com a decisão do Senado, o Presidente lavrará nos autos, a sentença que será assinada por ele e pêlos senadores, que tiverem tomado parte no julgamento, e transcrita na ata.

Art. 70. No caso de condenação, fica o acusado desde logo destituído do seu cargo. Se a sentença for absolutória, produzirá a imediata reabilitação do acusado, que voltará ao exercício do cargo, com direito à parte dos vencimentos de que tenha sido privado.

Art. 71. Da sentença, dar-se-á imediato conhecimento ao Presidente da República, ao Supremo Tribunal Federal e ao acusado.

Art. 72. Se no dia do encerramento do Congresso Nacional não estiver concluído o processo ou julgamento de Ministro do Supremo Tribunal Federal ou do Procurador Geral da República, deverá ele ser convocado extraordinariamente pelo terço do Senado Federal.

Art. 73 No processo e julgamento de Ministro do Supremo Tribunal, ou do Procurador Geral da República serão subsidiários desta lei, naquilo em que lhes forem aplicáveis, o Regimento Interno do Senado Federal e o Código de Processo Penal.

PARTE QUARTA

TÍTULO ÚNICO

CAPÍTULO I

DOS GOVERNADORES E SECRETÁRIOS DOS ESTADOS

Art. 74. Constituem crimes de responsabilidade dos governadores dos Estados ou dos seus Secretários, quando por eles praticados, os atos definidos como crimes nesta lei.

CAPÍTULO II

DA DENÚNCIA, ACUSAÇÃO E JULGAMENTO

Art. 75. É permitido a todo cidadão denunciar o Governador perante a Assembléia Legislativa, por crime de responsabilidade.

Art. 76.A denúncia assinada pelo denunciante e com a firma reconhecida, deve ser acompanhada dos documentos que a comprovem, ou da declaração de impossibilidade de apresentá-los com a indicação do local em que possam ser encontrados. Nos crimes de que houver prova testemunhal, conterão rol das testemunhas, em número de cinco pelo menos.

Parágrafo único. Não será recebida a denúncia depois que o Governador, por qualquer motivo, houver deixado definitivamente o cargo.

Art. 77. Apresentada a denúncia e julgada objeto de deliberação, se a Assembléia Legislativa por maioria absoluta, decretar a procedência da acusação, será o Governador imediatamente suspenso de suas funções.

Art. 78. O Governador será julgado nos crimes de responsabilidade, pela forma que determinar a Constituição do Estado e não poderá ser condenado, senão à perda do cargo, com inabilitação até cinco anos, para o exercício de qualquer função pública, sem prejuízo da ação da justiça comum.

§ 1º Quando o tribunal de julgamento fôr de jurisdição mista, serão iguais, pelo número, os representantes dos órgãos que o integrarem, excluído o Presidente, que será o Presidente do Tribunal de Justiça.

§ 2º Em qualquer hipótese, só poderá ser decretada a condenação pelo voto de dois têrços dos membros de que se compuser o tribunal de julgamento.

§ 3º Nos Estados, onde as Constituições não determinarem o processo nos crimes de responsabilidade dos Governadores, aplicar-se-á o disposto nesta lei, devendo, porém, o julgamento ser proferido por um tribunal composto de cinco membros do Legislativo e de cinco desembargadores, sob a presidência do Presidente do Tribunal de Justiça local, que terá direito de voto no caso de empate. A escolha desse Tribunal será feita - a dos membros do legislativo, mediante eleição pela Assembléia: a dos desembargadores, mediante sorteio.

§ 4º Êsses atos deverão ser executados dentro em cinco dias contados da data em que a Assembléia enviar ao Presidente do Tribunal de Justiça os autos do processo, depois de decretada a procedência da acusação.

Art. 79. No processo e julgamento do Governador serão subsidiários desta lei naquilo em que lhe forem aplicáveis, assim o regimento interno da Assembléia Legislativa e do Tribunal de Justiça, como o Código de Processo Penal.

Parágrafo único. Os Secretários de Estado, nos crimes conexos com os dos governadores, serão sujeitos ao mesmo processo e julgamento.

DISPOSIÇÕES GERAIS

Art. 80. Nos crimes de responsabilidade do Presidente da República e dos Ministros de Estado, a Câmara dos Deputados é tribunal de pronuncia e o Senado Federal, tribunal de julgamento; nos crimes de responsabilidade dos Ministros do Supremo Tribunal Federal e do Procurador Geral da República, o Senado Federal é, simultaneamente, tribunal de pronuncia e julgamento.

Parágrafo único. O Senado Federal, na apuração e julgamento dos crimes de responsabilidade funciona sob a presidência do Presidente do Supremo Tribunal, e só proferirá sentença condenatória pelo voto de dois terços dos seus membros.

Art. 81 A declaração de procedência da acusação nos crimes de responsabilidade só poderá ser decretada pela maioria absoluta da Câmara que a preferir.

Art. 82. Não poderá exceder de cento e vinte dias, contados
da data da declaração da procedência da acusação, o prazo
para o processo e julgamento dos crimes definidos nesta lei.
Rio de Janeiro, 10 de abril de 1950; 129º da Independência e
62º da República.

EURICO GASPAR DUTRA
Honório Monteiro
Sylvic de Noronha
Canrobert P. da Costa
Raul Fernandes
Guilherme da Silveira
João Valdetaro de Amorim e Mello
Daniel de Carvalho
Clemente Mariani
Armando Trompowsky

Este texto não substitui o publicado no DOU de 12.4.1950

São os arrombadores de sempre da ordem pública os
mesmos que guilhotinaram toda a monarquia da
França, os mesmos que depuseram com golpe militar a
Monarquia de Dom Pedro II no Brasil, são os mesmos
que fizeram a Revolução Russa em 1917, são os
mesmo que impuseram a lei Seca nos USA, são os
mesmos que destruíram as torres Gêmeas do WTC em
New York.

Mas que classe de revolucionários é essa que mistura
esquerda com direita, capitalistas liberais com
fundamentalistas muçulmanos, com fundamentalistas
evangélicos?

São os acometidos da doença da crença da capacidade
de consertar todos os erros da humanidade e de
resgatar a alma humana de todos os pecados,
imaginando os cristãos que essa era a mensagem de
Cristo, equivocadamente, justamente Cristo que foi
circuncidado, nunca saiu da Galileia e nunca conheceu
o cristianismo fundado por Paulo, Pedro, Apolo, e
outros dissidentes do apostolado de Jesus Cristo, e foi

institucionalizado por imperador romano Diocleciano e consolidado pelo Imperador romano Constantino, Desminta-me se puder, usei apenas o livro de Atos dos apóstolos para desmistificar e desmascarar o cristianismo, desde que em Atos dos Apóstolos 10:10 Pedro tem um delírio e revoga as leis de Deus para Abraão e Moisés e conserta os erros cometidos por Deus. A maior de todas as blasfêmias da bíblia sagrada. Aliás, o livro de Atos nem tem o nome do autor, é de autor anônimo!

Fraude Intelectual e Moral

A Maior Fraude Intelectual do Século XX

Qual seria a maior fraude intelectual do século XX?

Como poderia todo o conceito da história da civilização ser fraudulento sem o medo de espezinhar os métodos estatísticos e todos os métodos de investigação nos testes da história, sociologia, antropologia e geografia, sem provas factuais?

Pode ser considerada uma fraude religiosa?

Como pode uma pessoa reinterpretar a história da humanidade com um conceito tão universal, absoluto, universal e decisivo, como insinuar e imaginar que um fenómeno cruel idêntico pode ocorrer em todo o mundo, em todos os lugares geográficos e espaço-temporais, como se fosse, por exemplo, um fenómeno que fala uma única língua universal em todas as culturas do mundo, em todos os pontos da geografia da Terra, ao longo de toda a história da humanidade.

Ao mesmo tempo que se torna um fenómeno natural permanente durante milhares de anos?

Será possível que este seja um fato que ocorreu nas civilizações humanas e pré-civilizações durante mais de 50.000 anos e só foi descoberto no século XX. ser considerado um tal fenómeno?

De acordo com a teoria da violação do inconsciente coletivo e da contenção espiritual, não pode haver maneira de sair da prisão da consciência coletiva.

Este fenómeno de uma prisão de consciência socialmente determinada foi observado, por exemplo, na prisão de consciência histórica, onde a humanidade não via outra possibilidade de escapar ao sistema feudal, porque nunca existiu e não haveria alternativa ao sistema feudal. Seja servo, senhor, vassalo ou nobre, clero, uma vez nascido neste sistema que durou 987 anos, os seres humanos não tiveram qualquer hipótese de mudar ou escapar ao seu destino eterno enquanto viviam nesta rede social.

Na Idade Média, tudo o que os seres humanos deviam saber era-lhes informado pelos intermediários do clero.

Obedecer sem questionar, ouvir sem contemplação, viver sem outra finalidade que não fosse servir a Deus e ao seu Senhor, obedecer ao clero e às nobres ordens feudais.

É cumprir todas as obrigações, casar com quem decidirem, viver sem razão, e morrer pela ordem social decisiva.

O número de pessoas que desafiariam esta ordem social a partir de dentro não sobreviveria sequer ao registo histórico.

A luta interna era para preencher vagas em posições de vida que resultassem da morte ou morte dos seus pós-dadores, ou de fraude, ou de assassinato entre nobres e clérigos, e foi assim que a ordem feudal foi reproduzida.

Na ordem feudal, apenas um pequeno grupo de intelectuais e clérigos burocráticos teve o privilégio de examinar os pergaminhos e assim transmitir os segredos da escrita e da leitura aos seus herdeiros, e apenas uma pessoa foi escolhida como aprendiz dos segredos dos pergaminhos, que, naturalmente, podiam ser lidos e escritos por uma entre 20.000, 50.000 ou 100.000 pessoas.

Os pergaminhos foram escritos à mão e qualquer pessoa podia pagar um preço elevado pela coisa real, pelo que a literatura antiga e medieval sobreviveu até ao início da Renascença, quando Gutenberg criou a primeira editora mecanizada na Europa e popularizou livros para o Ocidente.

O mundo medieval era um mundo fechado, sem circulação de dinheiro, sem circulação de bens, sem circulação de produtos, sem circulação de pessoas, sem circulação de ideias, sem circulação de notícias, por isso não houve mudança nesse mundo.

O cristianismo já produziu a Idade Média, a pior fase da civilização, produziu as Cruzadas e a Inquisição, crimes contra a humanidade muitas vezes piores do que o Nazismo antissemita, e pior que os expurgos, genocídios, campos de concentração nazista e stalinistas, a conta de genocídios do nazismo foi de mais de 50 milhões de pessoas, sendo 6 milhões de judeus, a inquisição desterrou todos os judeus da Europa; Stalin matou de fome e em prisões mais de 60 milhões de pessoas, Mao Zedong matou mais de 100 milhões de pessoas, todas somadas ainda nem chega perto do genocídio da Idade Média sob o cristianismo porque durou 987 anos de matanças, castigo, escravidão chamada de servidão sem qualquer direito civil aos servos, um totalitarismo como Hitler, Salazar, Pinochet, nem Franco, Pol Pot, Jon Kim, Tito, Fidel, Peron, Mao, e Stalin nunca conseguiram implementar.

O cristianismo sobreviveu à Renascença, ao Iluminismo, ao Positivismo, ao Socialismo. Uma péssima notícia para quem acreditou no fim do comunismo pós queda do muro de Berlim e da Perestroica de Gorbachev.

Como é possível que alguém produza um comportamento diferente do que se espera do seu mundo limitado?

Como pode um rapaz muçulmano pensar de forma diferente das expectativas únicas que lhe são apresentadas no seu mundo pequeno e contingente?

Fora do seu sistema de crenças, este pequeno muçulmano não tinha outra escolha de referência social, não tinha família, não tinha outra fé, não tinha amigos, não tinha raízes, e fora do seu mundo muçulmano ele seria um estranho.

Era um mundo onde não havia noite, onde nada acontecia no fim do dia até o sol voltar para a luz.

Era um mundo sem redes de rádio, jornais, televisão, Internet, faxes, apenas cartas de quem as podia ler, notícias anunciadas ao vivo nas praças, porque não havia altifalantes ou altifalantes, telefones ou smartphones, nem redes sociais como a facebook ou o whatsapp, porque naqueles dias de inacessibilidade, a comunicação era por barco a remos, veleiro e vagão.

Assim, sem qualificar o contexto antigo e as dificuldades do fluxo de ideias e informação, num mundo onde os gregos inventaram as escolas públicas apenas no século V a.C. e proporcionaram educação a apenas 5% a 10% dos cidadãos, uma categoria excluída das mulheres, escravos, estrangeiros e despossuídos.

Como justificar a narrativa do feminismo historicamente, ou a narrativa do marxismo da luta de classes?

Grandes mentiras precisam nos pegar pelo absurdo para causar estupor e desarmar as defesas psicológicas e nos deixar vulneráveis para abandonar a racionalidade em estado de êxtase do choque paradigmático.

Desde que estudamos a disciplina Geografia há 55 anos passados, no saudoso colégio Mendes de Moraes, no Rio de Janeiro, eu lembrava do entusiasmo de percorrer na minha imaginação os afluentes do Rio Amazonas, meu irmão mais velho citava os principais afluentes da margem astral e da margem meridional citando um a um os seus nomes, eu lembro que me esforçava para lembrar os nomes dos pontos de destaque da geodesia território e aproveitava para estudar os estados mais ricos e a sua produção industrial e agropecuária, sua população e distribuição espacial;

Vieram os comunistas, como Milton Santos, e esqueceram a geografia e iniciaram a era dos discursos marxistas, das narrativas de desigualdades sociais e econômicas, e para justificar a sua enorme crítica raivosa ao capitalismo investiram pesado contra os efeitos antrópicos da indústria pesada e da ação de exploração desigual da economia em favor dos ricos empresários e capitalistas.

Falam muito em desigualdade, mas nunca nos ensinam os marxistas que a natureza é totalmente amoral, desigual e desonesta, pois fizeram quatro faxinas que destruíram e renovaram totalmente a terra, a mais famosa foi a extinção dos dinossauros, as outras foram as glaciações que destruíam a vida na terra, sobrando a arca de Noé com a repovoamento da terra.

Então esqueceram de ensinar latitude, longitude, pontos cardeais, azimute e os jovens começaram a achar o que queriam pois, os livros modernos de geografia ensinam apenas como o mundo é um lugar nocivo nas mãos capitalistas que destroem o meio ambiente e espalham a miséria e concentram as riquezas.

Deixa de contar como a própria natureza é perversa e sádica:

1 - Concentrou metade do petróleo em um único país;

2 - Concentrou a metade do lítio em um único país;

3 - Concentrou 98% do nióbio em um único país;

4 - Separou os dois hemisférios da terra onde 90% das terras secas estão no norte;

5 - Colocou 90% dos oceanos no hemisfério sul;

Então quem espalhou a desigualdade foi a natureza, e não o capitalismo.

Eu? Nunca fui contra a desigualdade, foram os revolucionários do pré socialismo que desencadearam a Revolução Francesa, e inventaram que todos somos nobres, degolando todos os membros da realeza francesa e depois a russa, e assim acabaram com as desigualdades no mundo, todos somos iguais mas queremos admirar o Messi, o Ronaldo, o Neymar justamente porque eles e John Lenon possuem talentos desigualmente distribuídos pela natureza.

Toda constituição começa ou contém a coisa mais absurda e estúpida que é declarar que todos somos iguais, coisa que nem a natureza aprova, portanto fez cada ser humano com impressões digitais únicas, não existem duas folhas de árvore iguais no universo nem duas impressões de fundo de retina iguais;

Sei que vai demorar uns seis mil anos até retirarem de todas as constituições do munda essa idiotice de igualdade, mas eu quero ser o primeiro a declarar isso.

Claro, como Disney existe, para cumprir um pacto cultural, segundo a Antropologia, as lendas, os mitos são acordos culturais a que se submetem pessoas saudáveis e normais, que conscientemente se sujeitam aos valores sociais em todas as suas dimensões do pacto social fundador do Estado de Direito.

Cumprimos as leis, não é suficiente, tem os costumes e a moral, e a educação e um pouco de hipocrisia social que nos faz tão simpáticos e contidos, educados a maior parte do tempo, para não cometermos pequenas indiscrições públicas e respeitarmos os limites de aceitação social.

Vencida essa etapa básica não podemos cometer pequenos deslizes com as mãos, com os olhos e com as palavras, mesmo que não sejam contravenções e crimes, tudo faz parte da solidariedade mecânica e da solidariedade orgânica, para nossa convivência minimamente civilizada.

Hollywood está propondo um novo pacto para participarmos da nossa hipocrisia social diária, não fossem os XX episódios de Rambo XX, dos 300 capítulos de Schwatznager contra todos os inimigos sociais, o Homem Aranha sujando todos os prédios com suas teias não recicláveis, então agora temos que engolir uma nova lição de feminismo, mulheres valentes que subjugam homens nos filmes de ação.

A mensagem do delegado de polícia já bastante ambígua pede que os homens nunca reajam a um assalto, para proteger a sua integridade, mas as mulheres não são em momento algum alertadas para que nunca reajam aos homens maridos, namorados, amantes masculinos, não pode admitir oficialmente a sua fragilidade física, mulheres precisam denunciar toda forma de hegemonismo masculino, a polícia ou a batgirl vai chegar imediatamente e fazer a prisão e o divórcio instantâneo, ou, sepultamento, porque os atos são irreversíveis, seja uma foto vazada ou vídeo vazado na rede social ou uma fratura de costela não tem reparo nem volta no tempo para desfazer o dano, não importa o tamanho do dano, nenhum castigo pode reparar ou desfazer o prejuízo.

Na teoria da Sociologia existem três correntes principais: Funcionalismo, Estruturalismo e Estrutural-funcionalismo.

Outras subcorrentes são derivativos como: marxismo, positivismo, científica, e outras.

Assim, começa-se pela ideia fixa de que toda representação de papel social seja uma ideia matriz única da Sociologia, justamente a ideia da corrente funcionalista que constrói o conceito dos imperativos categóricos ou ontológicos, ou epistemológicos, ou categorias analíticas baseadas nas ideias de que na divisão social do trabalho social cada indivíduo exerce papéis que são necessários ao sistema social e tem por isso funções sociais úteis ao funcionamento harmonioso do sistema social, portanto esses papéis são criados pela própria sociedade em função de seu benefício, portanto, são representações obrigatórias.

Os funcionalistas identificam os comportamentos sociais como papéis sociais tais como representações em público de comportamentos aprovados como: o de pai, de filho, de professor, de autoridade, de mulher, de esposa, de jovem solteiro, de jovem solteira, o de marido, de mãe, assim por diante, todos os papéis são codificados, testados e aprovados socialmente.

Mas o que é o estruturalismo?

Ao contrário do funcionalismo, o estruturalismo não acredita em papéis sociais, acredita nas normas sociais escritas ou não que são obrigatórias e permanentes, que constrangem as pessoas a se adequarem ao sistema social que está acima de tudo ou de todos através de suas estruturas de: leis, e regras, e da forma da organização política, religiosa e econômica.

A ideia do socialismo se apoia no estruturalismo econômico conforme Karl Marx disse o sistema capitalista é o estrutural que impõe o único padrão de comportamento estrito ditado pela capacidade econômica que modela a vida de todas as pessoas e das instituições do Estado, isso é puro estruturalismo.

Livrado dessa confusão sobre papéis sociais, a desconstrução social do macho faz parte da metodologia de ataque ao discurso machista como se fosse uma determinação única da natureza da realidade única, portanto, os funcionalistas devem estar validados pela ignorância geral, e o que surpreende é que esquerdistas que desconhecem a natureza estruturalista do marxismo não poderiam aceitar a desconstrução nem a construção do macho, é uma impossibilidade dentro do estruturalismo marxista.

O discurso feminista e esquerdista se perdeu no público leigo de estudos sociais e políticos; sua coerência e passou a ser um elenco de paralogias e sofismas com o único objetivo de desconstruir a ciência Sociológica.

Como diz impropriamente o ex presidente Obama a pós verdade é um vício de linguagem para esconder a nova leitura da história a favor dos discursos, como acontece também na Matemática, na Física ou na Biologia a única diferença é que algumas ciências tem o hábito de se refazerem diante de novas ideias, embora o Sociólogo Norte Americano Roberto Merton faça a crítica de que mesmo a ciência pode ser uma crença em alguma infalibilidade da ciência, é justamente a capacidade de se corrigir e de mudança que confere credibilidade para a ciência e não sua teimosia em defender sempre as mesmas coisas, portanto, quando vemos algum cientista ou pessoa comum defendendo os princípios científicos como infalíveis está indo justamente contra o ethos científico, repetir o que diz a ciência é desrespeitar a ciência que justamente se faz respeitar porque aceita o debate e a refutação e pode rever seus procedimentos e mudar sempre.

A ciência é imperfeita e inacabada, por isso tem credibilidade, mas, infelizmente pessoas pensam estar defendendo a ciência defendendo que Einstein estava certo, e isso é o que pode de pior acontecer, se estivesse vivo Einstein gostaria de ser refutado com alguma nova descoberta ou conceito, é isso que espera

um gênio da ciência, por causa disso deixamos a
tecnologia das carroças a cavalo passamos para o
automóvel movido a motor a petróleo, quando isso
aconteceu e os primeiros automóveis foram criados
nenhum dos fabricantes de carroças se transformou em
fabricante de automóveis, ao contrário, tentaram proibir
a circulação de automóveis nas ruas.

Mundo bizarro, onde o livro mais vendido no mundo é
um dos menos lidos e dos mais citados, estou falando
dele mesmo, na verdade uma coleção de livros sem
qualquer possibilidade de harmonização entre as
partes, a bíblia sagrada, que possui três composições
diferentes, a versão protestante da bíblia exclui da
versão original alguns livros por obra da censura de
Martinho Lutero que excluiu por sua vontade 13 livros
da bíblia organizada pelo imperador Constantino, em
321, e a igreja luterana da qual Lutero não fez parte,
porque Lutero morreu sem religião, retornou seis livros,
mantendo a censura sobre 7 livros, portanto a Igreja
católica possui a versão com sete livros a mais do que
a protestante, mas, a versão original da bíblia
de Constantino somente a igreja católica ortodoxa
possui com sete livros a mais do que a versão católica.

Pois bem, a mesma bíblia possui três religiões, sendo o
judaísmo a religião da parte do velho testamento, sendo
a primeira parte um sincretismo de religiões anteriores a
Abraão e Moisés, portanto nem eram cristãos, nem
judaicos, pois Adão e Eva nem eram judeus, depois de
criado o judaísmo com o neto de Abraão seu neto Jacó

fundador do povo judeu, e israelita, funda-se o judaísmo
e o semitismo.

Muitos séculos depois surge no ano 90 DC o primeiro
livro do novo testamento contando a saga de Jesus de
Nazaré, então vemos no livro de Atos a saga e a
disputa pelo espólio religioso e intelectual de Jesus
entre o apóstolo João e os dissidentes Pedro e Paulo,
onde João segue a igreja dos humildes que aguardam
entre duas e três gerações a volta de Cristo, então
vendem seus bens e se reúnem em casas, porém este
tipo de coisa não tem aceitação pelo império romano,
muitos são perseguidos e mortos, logo surge uma seita
criada por Paulo e Lucas, apelidada de Caminho, que
se dirige aos gregos e gentios, que faz evangelização e
é missionária em todo o mundo, diferentemente do que
Jesus pregava e fazia, já que Jesus nunca saiu da
Galileia pregando, então resolveu-se universalizar
esse novo formato de judaísmo que passou a se
chamar de cristianismo, então esta nova religião foi
adotada pelo império romano chamada de Cristianismo,
sem que Cristo nunca houvesse conhecido esta seita
em vida.

Então a coleção de livros chamada de Bíblia é pura
confusão sobre Jesus, 44 autores conhecidos e outros
anônimos, sim, alguns dos livros da bíblia não se
conhece a autoria.

Outras bizarrices literárias são: as sagas de Senhor dos
Anéis, 50 tons de Cinza, Magias descaradamente
abstratas de um jovenzinho psicopata chamado de
Harry Potter, os quais nunca li, não fazem parte do meu

cardápio assim como gibis de super heróis, minha capacidade cognitiva só permite ficção de nível de Júlio Verne, qualquer aberração maior que isso meu cérebro matemático simplesmente os rejeita.

Mundo bizarro onde depois de 5000 anos de cultura depois de mais de 1.000.000 anos de processo de seleção natural descobrimos uma falha na natureza humana e fizemos um projeto para diminuir esta falha, acontece que a natureza cometeu o equívoco de privilegiar na espécie homo sapiens de criar um dimorfismo físico que exagerou nas diferenças sexuais entre homem e mulher dando um trilhão a mais 1.000.000.000.000 de neurônios ao macho apenas porque ele tem um pênis para administrar, e duas vezes mais massa muscular por causa desse pênis, e 2,8 vezes mais explosão muscular por causa deste pênis, duas vezes maior densidade óssea, então isso não foi justo, o resultado foi que durante os últimos 3500 anos somente o macho se divertiu pois fez da terra um palco de mais de 3000 guerras, sem convidar as fêmeas, descobriu os continentes americanos, e Australiano, e nada de deixar a mulher pilotar uma simples nau ou uma caravela, nem sequer levava mulheres a bordo para fazer companhia das viagens que duravam meses, somente as escravas eram embarcadas, então o macho criou a Filosofia, a Matemática, a Física, a Química, a enceradeira, o ar condicionado, o câmbio automático para o automóvel que ele inventou, com motor elétrico que o macho inventou, com limpador de para brisa inventado pelo macho, com embreagem e freios inventados pelos machos, a lista de prêmio Nobel praticamente só tem machos, o que deixa a mulher numa situação vergonhosa, escandalosamente inútil para a história da humanidade, para se livrar dessa humilhação e desse massacre, salva a mulher a narrativa de que o homem por ser violento não deixou espaço para a mulher aparecer e mostrar sua capacidade intelectual.

Então, mais uma bizarrice moderna, transformar todos os não comunistas em idiotas manipulados e treinados e dominados mentalmente pela opressão do capitalismo injusto, os pastores pentecostais criando diabos e infernos para amedrontarem as pessoas da igreja, são tantos os fantasmas modernos que somente as bizarrices maiores do que estas podem competir com os medos e terrores inventados para o apocalipse iminente da civilização, o Green Peace não tem um cientista para fazer uma palestra racional sobre o aquecimento global ou sobre a importância da tartaruga para o perfeito equilíbrio ecológico, mesmo depois da três faxinas que a natureza já organizou destruindo tudo por aqui na terra por simples capricho da natureza sem intenção alguma de melhorar a vida no planeta, a primeira foi a extinção dos dinossauros, criaturas adoráveis que não faziam mal algum e depois vieram as três glaciações que destruíram toda vegetação e os peixes e animais, a natureza realmente não tem ética alguma, esse pessoal do Green Peace deveria culpar, primeiro, a própria natureza pelas maiores destruições do equilíbrio ecológico.

De bizarrice em bizarrice vamos nos divertindo e esperando o próximo meteorito fatal nos devolver à idade da pedra, sem culpa nenhuma, talvez possamos culpar ao planeta Júpiter por brincar de catapultar a morte dos céus só pra ver o oco.

A humanidade sempre fez troça da racionalidade feminina, mas, quase deu um nó na minha cabeça. Por pouco eu não fiquei aloprado como o Fiuk, se sentindo culpado por ser macho.

Assim o argumento do confuso e dissimulado cérebro feminino, que consegue fazer uma heurística complexa, porque indireta, uma outra abordagem da realidade paralela, incompreensível para a lógica masculina o que a torna irracional para o tóxico masculino.

Nem tanto.

Decifrando o mundo feminino, onde a dissimulação esconde o verdadeiro sentimento não nos deve confundir.

O verdadeiro massacre, a verdadeira violência histórica do macho contra a mulher que humilhou todo o gênero durante toda a história da civilização não foi a violência física.

O culpado de tudo foi o processo de seleção natural que dotou o macho de um dimorfismo sexual tão devastador que transformou a fêmea do homo sapiens em quase outra espécie.

O macho é tão diferente e superior que somente uma mente doentia e psicopata poderia imaginar um processo de compensação para desfazer tal discricionariedade da natureza que dotou os machos de maior altura física, mais força muscular até três vezes mais massa muscular do que a mulher, 2,8 vezes mais explosão muscular, um trilhão a mais de neurônios, 1.000.000.000.000 e o resultado: o macho é o protagonista das guerras, da história humana, das revoluções políticas, dos impérios, da colonização que começou com as caçadas, com a exploração geográfica, das navegações transoceânicas de descobertas de continentes indo a todos os oceanos, sem uma única mulher a comandar uma nau ou caravela, inventou o parafuso, a polia, a roda, o plano inclinado, a cunha, o computador, a máquina a vapor, a geografia, a Matemática, enfim inventou tudo, ou quase tudo que existe no mundo, e qual foi a reação da feminina?

Culpar o homem por ser tão poderoso e ter excluído a mulher por preconceito sexual.

A mulher é um fracasso intelectual, humano, físico, e não teve a menor chance, e culpar o macho apenas a coloca em posição de fazer e mostrar que é melhor, e a humanidade não pode correr esse risco de fracassar e desaparecer apenas para provar que houve uma grande injustiça porque a mulher na verdade é incapaz de competir com o macho, e fim.

Mulher rodada. A mulher se apaixona entre os 13 anos e os 25, depois disso vira guerrilheira sobrevivente, já mapeou toda a raça masculina e as suas leis de sobrevivência, já percebeu que o macho é um animal insensível e só quer seu sexo.

Esse choque com a realidade não a transforma em macho, mas em uma mulher com cabeça transtornada pela decepção com o mundo ácido tóxico masculino em contradição com o mundo romântico sonhador que desmorona a fragilidade emocional feminina se transformando pelo pânico numa feroz suicida, que age sem planejamento apenas movida pelo ódio inconsequente.

Nessa fase a racionalidade sai de cena e então o macho não consegue prever as suas reações totalmente desproporcionais, sem consequência e assusta aos homens que nunca estarão preparados para a ferocidade das atitudes completamente desproporcionais e irracionais de quem não prevê as consequências de seus atos, por que a virgindade perdeu-se e não pode mais ser negociada, e seu valor cada vez mais vai caindo pelo uso, e pela idade.

Quanto mais a mulher pratica sexo melhor ela fica, e mais cai seu valor de mercado das relações promissoras.

A cada dia fica claro que o valor da mulher não está na beleza, mas como num carro, está na quilometragem, cada vez mais os homens vão procurando as mais novinhas até chegar ao limite da legalidade, as menores de idade, as lolitas.

Nada mais interessa no mercado sexual cuja única moeda feminina é a sua idade, insanável, irrecorrível, irrecuperável, inexorável, inevitável, insubstituível.

Lindas as mulheres russas, loiras, morenas, ruivas, cerca de 160 nacionalidades e etnias formam o acervo fenotípico e genotípico da Rússia, tem as mulheres mais loiras da terra que são as lituanas, por isolamento natural de um país que não atrai imigrantes, cultivou naturalmente o gene recessivo para olhos muito claros e pele e cabelos muito claros.

Quanta beleza, mas, sempre tem o mas, o porém, o custo, a frugalidade e a superficialidade de tudo isso coroada pela efemeridade da beleza juvenil.

Eu gosto de olhar as velhinhas russas, como são obesas, feias, enrugadas, sem nenhuma sombra ou vestígio de sua beleza juvenil, parece que a impermanência é tão rápida quanto o brilho de vagalume, então esse é futuro de todas as beldades eslavas, a maior parte de suas vidas serão senhoras velhas, enrugadas e feias, sem atrativos físicos, dos 40 anos aos 75 anos de feiura para compensar a beleza estonteante dos 13 anos até os 30 anos, são 17 anos de glória efusiva contra 34 de recordação e lamentos, saudades e lembranças.

O ser humano não passa impune pela soberba e imprevidência.

Nem posso lembrar das dezenas de beldades da minha adolescência que na sua soberba e deslumbrante beleza me desprezaram humilhavam os nerds feiosos, e a vida nos premiou com a sobrevivência delas para que eu possa olhar o que o tempo fez com tanta audácia, ousadia, arrogância, prepotência, pretensão, inconveniência, mas parece que este legado nunca vige para as novas gerações, que vão se alternando nos mesmo vícios, e quando vejo uma bela jovem me esnobando na sua beleza fugaz, apenas confirma a estupidez da juventude inconsequente e cega.

Sem ressentimentos, se alguma amiga da minha adolescência ou juventude estiver lendo isso, apenas o castigo para a inconsequência das amigas, tias, sobrinhas, irmãs, vizinhas, colegas, ex namoradas, todas que desfilaram sua arrogância na passarela da insensatez.

Sou cientista político. Sou superdotado na média do teste de QI.

Portanto, posso cometer excessos, erros, mas a probabilidade é muito baixa.

Escrevi cerca de 60 livros e centenas de post em blogs. Todas as vezes que escrevo sobre política é natural para as mentes rasas tentar descobrir qual a minha tendência política, razão pela qual nunca me desfiliei do partido de esquerda trabalhista no Brasil nem da igreja evangélica, a razão é simples, um não evangélico falando da bíblia sempre é um herege se não acompanha o main stream do pastor fanático e errático, do mesmo modo um não socialista apedrejando as ideias obtusas do socialismo é um inimigo da guerra de posição gramsciana. Só os ateus e os capitalistas aceitam discutir sem paixão suas dificuldades filosóficas, metodológicas e teóricas, o estado de imersão total dos comunistas e dos evangélicos os impedem de perceberem o diverso, a sua estrutura cognitiva não permite a percepção fora da bolha do elenco sofista que forma uma falácia de petição de princípio cuja refutação se torna impossível porque é baseada em crenças irrefutáveis dentro de seu círculo perfeito de causação circular cumulativa onde é o resultado final que justificam os princípios, o que se chama tautologia, ou seja, o resultado esperado era a justificativa para construir desde o início os argumentos que coincidem com o resultado final esperado, assim fica descartado a possibilidade de falta de coerência e de lógica interna, e por isso se torna irrefutável, como uma equação diferencial resolvida pela técnica da substituição inversa. Assim estabelecida estas bases, fica a tese aqui assim proposta: Sempre é possível piorar o sistema, não é possível qualquer salvação da humanidade.

Vamos dissecar estas premissas.

Desde o início da história contada da humanidade e de cada civilização que aqui passou assistimos milhares de tentativas de construção de formas de organizações e todas falharam.

Do início do nomadismo ao sedentarismo, da coleta e caça ao desenvolvimento da agricultura, do patriarcado ao matriarcado, do fetichismo e animismo até as religiões politeístas e monoteístas, do ateísmo ao gnosticismo, do império às repúblicas, das democracias ao sistema escravagista, do colonialismo ao capitalismo mercantilista, do financeirismo ao industrialismo, das tiranias ao nazismo, socialismo, comunismo, liberalismo, democracia, presidencialismo, parlamentarismo, populismo, corporativismo, tudo já foi experimentado e qual o resultado?

Ainda não temos uma sociedade perfeita, estável, produtiva, feliz, o paraíso na terra.

Por quê?

A resposta é simples.

Nada pode ser melhorado, tudo apenas pode piorar na humanidade.

Temos que parar imediatamente de vender a ideia de salvação da humanidade, já chegamos a essa conclusão mas falta coragem para aceitarmos que nada pode mudar para melhorar a humanidade.

As piores ideologias possíveis e as mais trágicas e destrutivas são aquelas baseadas no igualitarismo.

Existem duas perversões nas cabeças dos salvadores da humanidade: a ideia de igualitarismo de resultado, e igualitarismo de oportunidades.

Igualitarismo com diversidade sexual, um paradoxo ou contradição?

Até Karl Marx envergonhadamente desistiu desta premissa, a URSS começou com dois tipos de cartões de racionamento de bens, e terminou com 30 categorias de racionamento de acesso aos bens de consumo e de primeira necessidade, incluindo lazer e alguns luxos.

A China tenta salvar este sistema atribuindo pontuação aos seus clientes do sistema comunista, vive uma confusão de sistemas onde se liberou a propriedade privada parcialmente, tendo a permissão de alguns dos maiores bilionários do mundo para permitir a sobrevivência dos arranjos complexos e mistos da economia estatal centralizada e planificada.

Estamos no meio da história, não sabemos mais se os países que se chamam democracia como os EUA três presidentes tiveram a maioria dos votos mas o colégio eleitoral escolheu o menos votado, como aconteceu com os candidatos: Nixon contra Kennedy; Trump contra Biden; Hillary contra Trump, e muitos outros, e chamamos isso formalmente de democracia popular.

O que chamamos capitalismo está apoiado em grandes titãs ocultos que controlam o dinheiro do mundo e até as opiniões das pessoas nas redes sociais, como Zuckerberg, Bill Gates, Elon Musk, Xin Jin Pin, George Soros, Putin, então os super heróis dos gibis apenas são nosso alter ego do desejo de salvação e de justiça da humanidade na sua tentativa de organizar o caos.

Qual a solução?

Não é a anarquia, e nem o anarquismo, a teoria dos jogos o demonstra pelo teorema de Kakutani que uma coalisão logo se formaria de baixo para cima pela maioria e de cima para baixo pela minoria poderosa nos colocando novamente no sistema de guerra geral de todos contra todos de fácil previsão conforme a teoria do século XV de Thomas Hobbes.

Segue o mundo segundo seu curso normal sem tentativas de mudanças revolucionárias, cada lugar da terra procurando convergir lentamente, sem revolução para o modelo de mercado e de equilíbrio dinâmico de oferta e demandas de necessidades e de bens, respeitando os mais fortes, e respeitando a maioria na sua força fraca e seu efeito sistema de massa conforme previram Mosca e Paretto.

Nada precisa ser inventado, a solução está pronta: o socialismo e sociais democracias vão falir, assim como o capitalismo selvagem e bruto, ambos irão convergir para o sistema próprio adaptado a sua cultura e costumes locais desde que nunca mais apareça um salvador da humanidade.

Se você foi banido do minha rede social não pode ler essa mensagem, sou cidadão civilizado e não aceito grosserias tipo: genocida, ladrão petralha, fascista, porque ainda acredito no debate de ideias ainda não estamos na China, nem no Gulag, muito menos em Guantánamo. Difícil entender?

Já estamos vivendo numa ditadura tipo livro 1984 de George Orwel, de 13.000 engajamentos no Instagram num único reels caiu esta cifra misteriosamente para 30 engajamentos.

Senhores, acabou a liberdade de expressão mas não a de pensamento. A maior arma do feminismo ainda são os peitões cheios de silicone nos decotes sendo mostrados para a intimidação dos machos, as calças leg e shorts super minúsculos e justos entrando em todas as cavidades do corpo femini, o grande bundão à mostra, quem tem um, e a cara de quem não tenho outros argumentos a não ser o sexo, foi para isso que fizeram a revolução feminista?

Porque no debate intelectual e na folha corrida a lista do prêmio NOBEL vai continuar machista.

Não acredito em pessoas que querem salvar a humanidade, como salvadores e justiceiros, desde: Batman, Super-homem, Pastor protestante, militante feminista, MBL, e é claro os comunistas, quem acha que o mundo está errado certamente é um psicopata perigoso, como Biden, Trump, Xi jin Ping, Kim Jon Um, e outros iluminados da virtude absoluta.

Adoro o mundo como ele é, eu como carne e os mancebos veganos comem alface, os mi mi mi comem sushi, cada um enfia no rabo o que achar melhor só não venha na minha porta que nem testemunha de jeová me atormentar com o medo de ir para o inferno, ninguém vai pra algum lugar sem levar o corpo junto, capriche

Imagine um evangélico tradicional entrando em coma e ficando completamente desligado do mundo exterior ao seu corpo e ao seu cérebro desde 1974, e por um milagre, de repente ele desperta do coma, com seu cérebro intacto e logo vai visitar uma igreja evangélica.

O que ele encontraria de diferente dentro de um templo evangélico?

Aconteceu justamente comigo, desde meus 19 anos de idade, nascido dentro de uma igreja tradicional evangélica, fiquei afastado voluntariamente da igreja durante 44 anos e depois dessa temporada no mundo fora das igrejas decidi me reconciliar do afastamento, como eles chamam, eu era um desviado.

Devo dizer que nestes 44 anos trabalhei, me casei, não usei drogas nenhuma, não me tornei alcoólatra e nem tive qualquer desvio de conduta criminal.

Então o que me assustou e me surpreendeu na nova igreja evangélica?

Muitas luzes no palco, onde funcionava o púlpito do pastor ou do pregador, chamado também presbítero, ou também missionário ou algumas vezes sacerdote.

Então o orador começa gastando meia hora pedindo dinheiro, com ou sem ameaças, com ameaças de maldição ou ameaças de falta de bênçaos.

Depois segue a sessão de Goebels, veja o que faz a ignorância protestante, Goebels ensinava os procedimentos nas reuniões das juventude hitlerista, eram uniformes vistosos, muitos cânticos e gritos até quebrar as barreiras e resistências psicológicas para então atingir o estado de torpor e embriaguez e total êxtase a plateia está pronta para salivar as palavras chaves e repetir até conseguir a hipnose da audiência e então começar a doutrinação repetindo sempre as frases chave e as mesmas palavras.

Então Deus não gosta disso, nem daquilo, Deus se agrada disso e daquilo, Deus deseja isso e aquilo, Deus quer isso e aquilo, Deus castiga e pune isso e aquilo, Deus se agrada disso e daquilo, é tanta capacidade de saber exatamente o que Deus quer e não quer, Deus dá um carro, Deus cura da doença, Deus dá um filho para o casal, Deus tira alguém da vida, Deus não cura, Deus cura, Deus pode tudo e está na boca dos Sacerdotes que sabem tudo que Deus quer.

Mas tem o diabo, sempre fazendo o crente pecar, mas se o crente peca a culpa não é apenas do diabo, o diabo atenta para o pecado, mas quem peca é o fiel quando se afasta de Deus, meio confuso, por que não se pode identificar exatamente quem é o culpado, se o diabo ou se o crente que caiu na lábia do demônio, mas o diabo nunca é castigado mas sim o fiel, sempre pecando sempre sendo tentado pelo diabo.

Deus dá tudo, Deus tira tudo, tudo é Deus, então cruzemos os braços e deixemos o agir de Deus, pois tudo só acontece com a permissão e o agir de Deus, e nunca saberemos o que são seus desígnios divinos, e essa confusão toda é apenas para manter o crente acorrentado nos braços da igreja e do seu pastor.

É tanta confusão proposital, eles começam lendo o Velho Testamento do judaísmo, religião instituída por Deus, portanto ninguém pode modificar ou abolir o judaísmo, que é do tempo em que Jesus Cristo não havia nascido, portanto nem havia cristianismo, e começam a misturar com o Novo Testamento, que fala de duas fases do Cristianismo, logo Jesus que foi circuncidado, nunca saiu da Galileia, nunca pregou fora das sinagogas, criaram duas religiões sem que ele soubesse, o Primeiro cristianismo chamado Caminho, que Pedro abençoou os alimentos condenados por Deus Yahweh sobre os animais impuros e na maior cara de pau através de um delírio, de um sonho, de uma visão Atos 10:10, justamente em nome de Jesus que nunca escreveu um único evangelho ou carta, nada, e logo depois surgiu o cristianismo como conhecemos hoje da versão de Constantino dos templos onde misturavam coisas do judaísmo como o dízimo, com novas doutrinas do cristianismo 2.0, o cristianismo 1.0 era dos pobres que vendiam tudo que tinham para dar para os pobres e se reuniam em casas, não em templos.

Atos 4:24-31 oração ao Pai. Ninguém pede nada para si próprio, isso é invenção dos protestantes, católicos constantinenses. Em toda a extensão da bíblia existe apenas clamor, um manifesto genérico e geral nunca uma conversinha particular e atrevida entre o homem e Deus, de onde veio isso, gente tal intimidade com Deus?

Em Atos 5 Ananias é morto porque vendeu a sua casa e não distribuiu com os pobres todo o dinheiro, essa era a função da oferta, ninguém está falando de dízimo antes de inventarem o cristianismo, era assim, nada de dinheiro para a igreja, nada de templos, nada de pastor. O dízimo pertence ao judaísmo para a casa dos levitas, exclusivamente. Não é para pagar a Disney do filho do pastor nem pagar seu salário.

Qual era a religião de Adão e Eva? Qual era a religião de Noé e Caim? Deus criou uma religião exclusivamente para os netos de Abraão chamados de judeus os descendentes de Jacó, chamada judaísmo, e nada mais, Deus não tem religião.

Foram pela primeira vez chamados cristãos em Antioquia, Atos 11:26, é um fato estarrecedor que do judaísmo ao cristianismo não existe nenhum elo de ligação entre Deus, Jesus e aquela blasfêmia de Pedro em Atos 10:10.

Onde estava Jesus Cristo enquanto fundavam o cristianismo? Jesus Cristo não estava mais na terra, filho de Deus esqueceu de fundar a religião que foi consertado pela sabedoria de Pedro, o que negou três vezes, de Lucas, o grego, de Paulo de desceu a porrada em Barnabé, e Apolo que queria saber se era para cumprir as leis de Moisés, então se estes sujeitos não corrigissem a omissão de Cristo nem teríamos o cristianismo! Que ousadia, gente!

Primeiro, o Brasil continua uma tragédia em ensino superior, o Brasil tem números espantosos no ensino superior,

Em primeiro lugar, quem cria tecnologia são os matemáticos, eu separei na categoria de matemáticos: os Estatísticos, os Matemáticos, os engenheiros que estudam até cálculo III e equações diferenciais, o que exclui muitos cursos que se chamam de engenharia, e Físicos, como classificam a China, a Rússia, a França, a Grã Bretanha, Japão, Coreia, Espanha, Alemanha, Tchéquia, Slováquia, Canadá, Estados Unidos,

Pois então desse ponto de vista o Brasil está muito mal,

o Brasil forma 38.000 matemáticos por ano,

a China 1.640.000,

Índia 640.000,

Rússia 510.000,

EUA 210.000,

Japão 180.000,

Espanha 60.000,

França 180.000,

Grã Bretanha 140.000,

O Brasil gasta dinheiro público no ensino superior para formar advogados, o Brasil somente perde para o Japão em advogados por habitante,

O Brasil é o país que mais forma gente de ciências humanas: professoras pedagogas, sociólogos, antropólogos, historiadores, jornalistas, desenhistas, atores, produtores de mídias, pastores, psicólogos, padres, geógrafos, arquivistas, toda sorte de idiotas e quase cem por cento são de mulheres.

Dá para perceber que os centros de excelência em engenharia o ITA, IME, Instituto de Matemática do Rio de Janeiro, 99% são homens, até porque foram os matemáticos que criaram praticamente tudo que existe em tecnologia, na informática só existem duas mulheres, Ada, e Linda Lovelace, os nomes da informática são homens, os maiores criadores de vídeo game do mundo são brasileiros, todos homens, portanto, reveja suas estatísticas, por favor.

Os homens inventaram tudo que existe no mundo, a participação feminina é tão ridícula que quase nada e quase nenhum nome de mulher existe na lista de prêmio NOBEL, como a Malala, coitada, as mulheres femini chamaram os homens para a guerra, e vão perder,

E digo isso com tristeza e sem veleidade, os homens são muito mais inteligentes, e se você e o governo atirar as mulheres nesta competição contra os homens dentro de 50 anos as mulheres humilhadas vão estar muito mais desmoralizadas do que antes da onda da Maria da Penha e outras idiotices e sandices comunistas.

Depois da supremacia do discurso feminista o que vemos: mulheres empoderadas mostrando sua força e dominação no mercado de trabalho, ocupando os postos chaves na indústria, no comércio, na economia, nas ciências e nos esportes e artes?

A resposta é que o discurso empoderador se transformou em muito mais bunda de fora nos shorts cada vez mais apertados, mais curtos e mais ousados, os decotes desceram até o umbigo, o silicone aumenta os seios e a bunda, então onde foi parar aquele discurso de mulher objeto?

O discurso contra a mercadoria em que se transformara o corpo da mulher foi reforçada pela frase "meu corpo minhas regras", a mulher se defende no mercado com a vagina, e não com o cérebro, porque estudar exige outro tipo de habilidade.

O discurso contra opressão masculina era apenas para desviar o verdadeiro motivo e a verdadeira agressão masculina cujo massacre não vai diminuir nem acabar, porque a verdadeira violência masculina de gênero contra todas as mulheres é o cérebro privilegiado e diferenciado dos machos, enquanto o macho se distrai com o discurso da violência da força bruta, as mulheres escondem a verdadeira violência que é o massacre da competência na competição do cérebro masculino que sufoca e dizima as mulheres numa competição intelectual sem chances para o mundo feminino.

Os homens vão continuar ganhando de lavada as corridas de Fórmula Um, Indianápolis, GP de motociclismo, motocross, MMA, FFC, então parem de jogar a mulher num jogo perdido.

Além de mais fraca fisicamente e mentalmente é emocionalmente vulnerável, a culpa não é do macho, é da seleção natural que dotou o macho de 1 trilhão de neurônios a mais do que a mulher, 1.000.000.000.000 e deu uma explosão muscular 2,5 mais rápida, densidade óssea 1,8 vezes maior e massa muscular 2,8 maior, densidade óssea 2 vezes maior.

A nadadora feminina que detém o record feminino mundial ainda não superado por outra mulher foi superada por mais de 700 nadadores masculinos que quebraram a sua marca sem serem sequer nadadores olímpicos, segundo os registros dos praticantes de natação registrados pelo comitê de atletas dos USA apenas nas High School dos EUA.

É um massacre uma violência contra qual está lutando a mulher, como os homens nórdicos são os melhores matemáticos do mundo, os africanos são os melhores atletas, o que resta a mulher era cuidar da prole durante os 9 meses da gestação e os dois anos de amamentação então as femimi inventaram o banquete de soberba, aqui em casa a farsa da divisão dos trabalhos domésticos com dignidade, então eu lavo a louça, limpo a casa, cozinho e passo a roupa, sem divisão. Não vou fazer parte da farsa da divisão do trabalho servil, porque já aguentar meu chefe e as suas soberbas não for uma humilhação então não sei onde está a fragilidade do fogão e da pia na dignidade femimi.

Felizmente tive o prazer de ter quatro das cinco ex esposas que se compraziam e se realizavam em arrumar a casa e adoravam cuidar do lar.

Sinceramente eu nem queria ser mulher, agora vão ter que provar que estão acima do nível dos homens, e ter que descontar a lista de prêmio NOBEL.... sorry

Ainda bem que pararam de dizer tonterias como as mulheres se acidentam menos que os homens no trânsito, sem fazer a cuidadosa medida ponderada, ou, dizer que a mulher é multitarefa, gente aí pegam um celular, a mamadeira e a comida no fogão juntamente com a tábua de passar roupa enquanto a máquina executa a lavagem, em que mundo esse povo vive? Multitarefa é cuidar dos 400 set ups do volante de um carro de Fórmula Um a trezentos e vinte quilômetros por hora, com o Max Vestapen atrás de você pensando ao mesmo tempo no calor da pista, temperatura do pneus, desgaste dos freios, ventos laterais, sujeira na pista e ainda conversar com o engenheiro pelo rádio, se isso não for multitarefa fudeu!

A Suécia a 50 anos fez a revolução feminista mais avançada do mundo, mas nunca substituíram o macho nos setores estratégicos e estruturais, na engenharia, na tecnologia, na economia nas Matemáticas, seria o laboratório ideal para avaliar as ideias feministas, mas temo que eles vão nos enrolar com parâmetros e indicadores falseados escondendo os grandes progressos sem indicar que as mudanças foram apenas nas escolas nos hospitais, no comércio, terão que esconder a revolução foi uma fraude.

Não é o homem que é penalizado pela lei do divórcio, é apenas o homem que abandona sua fêmea depois de transar e engravidar; eu explico: o pai pode deixar toda a família passando fome e não tem punição desde que esteja debaixo do mesmo teto, mas se sair da companhia cai na prisão por falta de pagamento de pensão alimentícia. Isso foi um descuido da lei?

Claro que não!

A ideologia da lei é caçar o macho que se relaciona com uma mulher, por isso como os cabras não estão mais se casando nem comendo as mulheres então vem a Maria da Penha, se olhar com cara feia já era, então se estiver uma relação faz o divórcio informal, o cara sai com uma mão na frente e o revólver no cú, carregando mal o que couber em sua mochila, e foda-se. É o fim da sociedade com dois sexos compartilhando o mesmo espaço físico?

Não é uma pena para o inadimplente.

Ninguém pode ser preso por dívida.

Grande avanço no código penal mundial, retirando a pena de escravidão por dívida desde a Lei de Talião de 4000 a.C. com os sumérios e babilônios.

Repristinada a lei androfóbica na linha de punir o macho humano que causou a gravidez numa fêmea humana.

A prisão por inadimplemento do pagamento da pensão alimentícia atinge apenas o homem, o macho em sua masculinidade.

Não é para garantir os alimentos, nada disso, se fosse: o empregador, o governo, o condenado, o precatório da dívida pública referente aos salários, e tudo que ser referisse ao salário seria punido com prisão por negação da alimentação.

Não se trata de negação de alimentos, pois falta ou atraso no pagamento de salário é alimento negado, negação ou adiamento de pagamento de precatório trabalhista também é negação de alimento, atraso de pagamento do empregador, ou ausência, ou falta de correção do valor de compra do salário devido à inflação também é negação do direito de alimentação.

Então porque somente responde com a prisão aquele macho que ousou engravidar uma mulher e lhe falta com a alimentação depois de se apartar dela, porque se ainda estiver casado, pode sim faltar com o cumprimento da alimentação, veja só, o marido pode deixar de prestação de alimentação, mas não o ex marido!

A ideologia da prisão pelo inadimplemento da pensão alimentícia nada tem a ver com a falta da prestação alimentícia, tem a ver com a ideologia feminista do macho que violou a donzela e não fez o resgate devido do dote da virgindade legal perdida.

Ninguém é preso por dívida nem por negar a alimentação para seu filho, exceto se você comer uma mulher, engravidá-la e não ficar ao seu lado. Ah bom.

A bíblia enquanto uma coleção de autores conhecidos e alguns anônimos, lendo o livro de Atos 10:10 muitos escorregam pelas doutrinas e nem se importam em verificar que ali houve uma ruptura com o Judaísmo de Jesus Cristo, pois que com toda vênia, o que vem relatado ali com todas as letras é um delírio, um sonho, uma visão que é diferente de uma mensagem de Deus e não da boca de Cristo, foi o que disse que o apóstolo de sua boca de um sonho provável que rejeita o que de mais sagrado foi dado para Moisés pelo Próprio Deus de Abraão para que cumprisse uma regra sagrada sobre alimentos, dito isso, então a ruptura necessária para quebrar a lei de Moisés e criar o anti-judaísmo o novo cristianismo sem Cristo, por que o Cristo já não estava encarnado, ele tinha ressuscitado e não corroborou esta versão de religião chamada de cristianismo, e isso está no novo testamento, não na minha cabeça, e dos primeiros cristãos que vendiam tudo para seguir de casa em casa, para a versão atual do cristianismo de Constantino dos enormes templos e misturando as leis de Moisés apenas onde interessa a preservação de alguns princípios como o do dízimo aceito, mas apedrejamento até a morte para os efeminados e aqueles que desonram aos pais não foi recepcionado pela nova constituição evangélica 2.0 aquele segundo momento do cristianismo, religião que Cristo nunca participou, está lá em Atos, o livro mais antievangélico da Bíblia.

As mulheres são melhores estrategistas que eu conheço.

Fico preocupado com o futuro da humanidade.

A ideologia feminista não e nem precisa de argumentos.

Tá tudo e todos dominado pelo discursinho.

A maior fraude histórica de toda a humanidade depois da invenção do dia D da vitória, qual foi uma data criada pela ONU para ilaquear, iludir ,ludibriar a todos de que

os vencedores da segunda guerra mundial foram os
americanos.

Dia 6/4/1944 o dia D estava a um ano antes da
rendição da Alemanha que só aconteceu no dia
1/5/1945 quando os soviéticos estupraram a
Werhmacht e fincaram a bandeira em Berlim
encerrando a guerra, enquanto as tropas americanas
lutavam ainda contra os nazistas a 700 km longe do
quartel general de todas as tropas nazistas que se
rendiam aos Russos.

Se você ainda acredita em fraude nem vou te contar a
fraude da história da opressão machista contra a
mulher desde Adão e Eva, segundo conto do vigário.

Mas, daqui a 50 anos teremos que fazer um balanço
principalmente naqueles países que adotaram a vagina
como símbolo nacional nas suas bandeiras e
descartaram todos os machos.

Acredito que a decadência intelectual tecnológica talvez
nem seja tão grande em relação aos países não
vaginas, porque os machos continuam dando um banho
nas fêmeas sapiens em: engenharia, no motocross, na
indústria pesada, nos trabalhos no fundo do mar, nas
minas, nos garimpos, tudo que é serviço pesado e
difícil, na Fórmula Um, Nascar, as olimpíadas
continuam separadas nas competições por sexo, no

FFC, MMA, mas teremos que comparar a humanidade depois do feminismo como ficou tudo.

Acredito que só não será uma catástrofe completa porque o sistema sabe capturar bem os cérebros afiados dos cientistas que nunca souberam administrar bem a sua inteligência para negócios próprios, são maus empreendedores, ou nem são empreendedores, são vaidosos e arrogantes demais para se arriscarem, geralmente os gênios da física e engenharia morrem pobres como: Einstein, Isaac Newton, Galilei Galilei, Werner Von Brawn, Albert Sabin, então as mulheres no poder poderão tirar proveito das mentes masculinas bem domadas, desde que as feministas não queiram se sabotar colocando incentivos e cotas para as mulheres no setor intelectual matemático. kkk

As mulheres são as melhores estrategistas que conheço, observando um vídeo de transeuntes de rua em Barra da Tijuca no Rio de janeiro, comparando com outro em Leblon ou Lapa, percebi que as mulheres de Barra da Tijuca escondiam a virilha, os seios e a bunda em suas vestes e trajes de noite nos bares e restaurantes, ao contrário de Lapa, ou Leblon, ou Copacabana as mulheres se trajavam como periguetes com bermudas muito justas, top decotado e muita bunda de fora das bermudas.

Conclusões

Isso indica que as mulheres prestam muita atenção
umas nas outras e sabem que tipo de armamento
utilizar no campo de batalha, certamente esta roupa
usada na Lapa não funciona bem na Barra da Tijuca, e
o armamento visual que funciona na Barra da Tijuca
seria uma fragorosa derrota com suas competidoras na
Lapa.

Países vagina como: Noruega, Suécia, Canadá,
Dinamarca, Finlândia, França, Holanda, Reino Unido,
Austrália, Nova Zelândia, Áustria, Alemanha, exceto
Berlim, Japão, Coreia do Sul, Islândia, Lituânia, Letônia.
Estônia, irão se confrontar seriamente com países dos
machos alfa como: a China, Coreia do Norte, Espanha,
Polônia, Rússia, Grécia, Tchéquia e deste embate vai
surgir ou ressurgir a mesma demanda que vemos agora
com o discurso progressista contra o discurso dos
dinossauros que apenas estão se lembrando das duas
profissões e atos mais antigos que o velho testamento
que são a prostituição e a viadagem homossexual de
Davi, Daniel e outros gays enrustidos que nunca saíram
do armário, pois que não haveria pena de morte
prometida na bíblia para viadagem se não existisse
essa prática.

Uma coisa nunca vai mudar com todo   o sucesso do
feminismo e emancipação e autonomização das
mulheres: elas nunca vão abrir mão da pensão
alimentícia do macho que ousou estragar sua vagina,

sem nenhum pudor ou vergonha de ser sustentada por ele.

A lei federal 11340 Maria da Penha transforma o diálogo e a relação entre os gêneros principais, o macho e a fêmea humanos, em diálogo de surdos.

Qualquer surto verbal ou excesso tolerável verbal se transforma em caso jurídico da tipologia criminal, então vamos aos fatos concretos.

Pai e filha se aconselhando ou avaliando uma situação normal e plausível doméstica nos tempos antigos anteriores à dita lei erga omnes capaz de fazer o divórcio direto sem pedido de divórcio e sem as formalidades legais de divórcio que esta lei é capaz de implementar, sem o devido foro legal, sem processo legal devido, sem esgotar a possibilidade de ampla defesa, sem o amplo contraditório, obviamente sem devida presunção de inocência do acusado, e sem o trânsito em julgado, atropeladas todas estas instâncias constitucionais, a apoderando-se do poder de polícia da superproteção dada a mulher, a transforma na única voz possível desde o diálogo mais inocente até o limite de uma disputa de opinião doméstica, numa ditadura feminina perfeita e acabada.

Franz Kafka nunca acreditaria nisso, a sua ficção foi levada às últimas consequências no Brasil.

Na verdade, um caso da Lei Maria da Penha pode começar com um devaneio qualquer apenas na imaginação ou suposição da suposta vítima. Ou nem existir motivo, como Kafka em "O Processo", sem materialidade alguma, exercício vazio das próprias razões.

Como no drama Kafkiano não é necessário existir um fato concreto, basta uma abstração que a lei acolhe como assédio moral, violação psicológica, o conceito de violência é tão elástico quanto permite a imaginação jurídica sexista androfóbica sociológica.

Então está se discutindo, por hipótese, a questão da compra de um utensílio doméstico de utilidade da casa do casal e então não convencida da inoportunidade inconveniente diante do orçamento escasso apertado a parte beligerante mais poderosa dá um ultimato.

Diante da negativa do macho ela empreende uma queixa de assédio moral e constrangimento ilegal, e para se garantir de que a sua pretensão vai ser bem sucedida empurra o seu cônjuge e lhe desfere um tapa daqueles inofensivos fisicamente mas bastante ofensivo moralmente no seu rosto para se assegurar que não ficará sem a sua reação física ou verbal.

Construída a armadilha proposta e pensada se o progenitor da família não aceder ela procura os meios legais na delegacia especializada em coisa feminina e uma viatura de batom, metralhadora e munição encaminha o desprevenido que nada pode falar em sua defesa pois reagiu ao tapa na sua cara com outro tapa, um empurrão ou um soco ou rasteira ou simplesmente imobilizou a sua agressora conforme a medida do uso moderado de força física. Ou não, pode ter apenas virado as costas e retirou-se.

Acaba de cometer um crime contra toda a sociedade.

A alternativa ante todas essas consequências previsíveis e previstas é sempre obedecer ao que sua esposa ou companheira ou irmã ou namorada ou vizinha ou amante ou filha ou enteada ou qualquer ser com uma vagina determinou que faça seus desejos, e calar-se para sempre.

Antes de toda essa confusão começar pode-se evitar tudo isso se calando e nunca aumentar o problema conversando, discutindo, dialogando, argumentando, explicando, justificando, demonstrando, confrontando, reclamando, enfim, o silêncio é a única defesa antes do afastamento total entre os sexos incompatíveis onde um deles é como uma criança indefesa, tutelada, protegida, tombada como um patrimônio etnográfico da sociedade humana inviolável por palavras e ações.

Acabaram-se todas as alternativas de probabilidade de um relacionamento adulto, maduro, civilizado, coerente, consistente, amigável, respeitoso e responsável entre um ente que não pode ser responsabilizado legalmente pelos seus atos por ser totalmente tutelado pelo Estado e o outro lado presumidamente hostil, criminoso, agressivo, inútil e perverso imanentemente e presumido o criminoso potencial inimigo da sociedade: o macho.

A lei 11340 transformou um ser humano adulto e capaz em um ser incapaz de se proteger, se defender, de lidar com pressões e problemas transformou em um ente tutelado, idiotizado, fragilizado, vitimizado, intocável e incapaz.

Obrigado excelentíssima deputada federal pelo estado de Santa Catarina Sra. Pascolatto pela defesa da maturidade e da racionalidade e sanidade de volta ao Estado brasileiro.

Permita-me fazer uma previsão para menos de dez anos, no máximo dentro de trinta anos será totalmente ilegal a um homem maduro se dirigir a uma mulher sem uma autorização judicial, o que obrigará ao macho portar um habeas corpus permanentemente, plastificado para exibir ante qualquer autoridade policial ou judicial para fugir da prisão em flagrante por crime de assédio e importunação, estupro mental, violação psíquica, tudo presumidamente.

Hoje, diante da Lei 11340 conhecida como Maria da Penha, é suficiente e necessário apenas o testemunho único singular e absoluto da mulher para afastar qualquer macho de seu lar e de suas roupas, sem os seus pertences, seus bens e tudo que for além da capacidade de portabilidade de uma sacola ou mochila, ficarem para trás definitivamente fora de seu domínio e posse por ocasião do juiz-delegado-policial executor da ordem de afastamento sem o devido processo legal, sem ampla defesa, sem direito ao contraditório, sem presunção de inocência e sem trânsito em julgado fazer o divórcio mais rápido do código de processo civil, violando o pacto pré nupcial, violando o processo formal de divórcio sem audiência, sem formal de partilha de bens, sem nenhuma cautelar que preserve e proteja qualquer direito do macho, esse erga homines vige apenas e suficientemente com uma singela e curta poderosa ordem emananda por uma mulher que apenas instrumentaliza com a sua voz todo os sistemas judicial e policial, destruindo em algumas horas toda a vida profissional, emocional, civil, financeira do pobre e desamparado macho hostil e inútil à sociedade, aquele que inventou a locomotiva, o avião, o navio, a máquina a vapor, o telefone, o automóvel, todas as ciências, a cirurgia médica, o raio laser, a bomba atômica, tudo que existe no mundo tecnológico, protegeu a humanidade das feras e de outros humanos inimigos, agora o novo discurso das mulheres emasculadas e sem o Pênis, se arvoram iludidas, enganadas, subestimadas, ignoradas, oprimidas e desvalorizadas durante milhares de anos pelo macho mau, resta agora esperar pelo balanço no futuro do que restará da tecnologia e eficiência da humanidade quando será feita a avaliação do resultado para a humanidade desta experiência inédita onde as mulheres protagonizariam a história da humanidade nas ciências, na religião, na tecnologia, na filosofia e na vida política e cotidiana.

Nem seria preciso esperar para ver, a fisiologia neurológica e muscular do dimorfismo sexual já respondeu a estas expectativas.

Vai ser uma fase muito mais difícil e decadente do que os 998 anos da Idade Média, vai ser a idade androfóbica, e quem quiser ter uma proxy do futuro é só visitar o país mais feminino do mundo depois da Suécia dos anos 60 e Finlândia que é o Canadá, e verificar de que é capaz uma civilização misândrica como Japão e Coreia do Sul.

Só esperamos que não dure outros 998 anos para uma nova Renascença e um neo Iluminismo para aquilo que restar da humanidade.

Você evangélico fica pensando em como seria o mundo todo para Cristo, como era o mote refrão da campanha em 1969 "Cristo a única esperança" para a humanidade.

Eu ficava pensando quando criança, no ano da conquista da lua justamente os evangélicos sonhando

com o Brasil todo convertido a Jesus Cristo, parece que
o pastor Billy Grahan o orador principal do evento final
no Maracanãzinho nunca estudou a História geral pois
o Feudalismo foi o que mais se aproximou do ideal de
um mundo todo aos pés da Cruz de Jesus Cristo, pelo
menos no Ocidente a única igreja que representava o
Cristianismo era a dona de dois terços dos feudos e de
todas as almas do Ocidente.

Ato falho e esquecimento proposital?

A igreja cristã já foi a única religião de todo o Ocidente
durante toda a Idade Média, e isso quer dizer que o
mundo Ocidental já teve uma hegemonia e dominação
totalmente pela igreja cristã e o resultado foram 998
anos de mais puro atraso, corrupção, devassa,
ignorância, obscurantismo e atraso científico, cultural,
opressão, falta de liberdade se esse é o resultado da
implantação do cristianismo como forma de estado e de
civilização então o cristianismo foi a pior ideia de todas.

Para quem ainda acredita nos extremos temos
experiências vivas de extremos e estão aí agora para
serem avaliadas sem a leniência da avaliação dada ao
feudalismo sem culpa da religião cristã.

Os Ecologistas sonham com um mundo livre de
poluição e de exploração extrema dos recursos naturais
e destruição da natureza pelas indústrias, pelo

progresso irresponsável e pelas metrópoles
enlouquecendo as pessoas.

Esse paraíso utópico sonhado pelos ecologistas existe
na África negra, só que eles sequer o reconhecem e
cegam para não ver que a África seria o paraíso
idealizado por eles, os ecologistas,   para a vida natural
com a natureza, sem indústrias, sem poluição e sem
exploração predatória dos recursos naturais, mas não
se vê a defesa da natureza e seu padrão ecológico por
parte dos ecologistas que não querem nada do que eles
defendem, querem viajar nos Boeing 777 queimando
petróleo nos turbojatos para protestarem em seus
Iphones nas mídias sociais no Instagram e Facebook
ao invés de irem compartilhar a vida natural na África.

Mas os sonhadores com um mundo muito espiritualista
como um paraíso da espiritualidade e do
despojamento material de riquezas e saberes
supérfluos desnecessários e uma vidinha simples e
minimalista ao extremo fora de um mundo capitalista
poderiam se mudar para o paraíso do amor e da paz do
mundo da espiritualidade completa e nem precisariam
ficar pressionando para o fim das matanças de animais
para servirem de alimentos porque esse mundinho
perfeito dos pacifistas veganos existe e se chama Índia
para onde todos os veganos e militantes da paz sem
revólveres sem violência seria ali esperando por todos
os militantes do Green Peace, mas porque eles não
divulgam a Índia e não vão morar lá?

Mas o mundo não é feito de seres racionais, nada disso, porque se os defensores do paraíso comunista quisessem, todos os democratas dos EUA, todos os militantes comunistas disfarçados de social-cristãos, social-democratas, sociais-liberais poderiam estar nos paraísos dos comunistas em Cuba ou na Coreia do Norte, mas não estão nem planejando suas férias nestes paraísos que tanto sonham para toda a humanidade.

Mas tem por fim os utopistas do senador Cristóvam Buarque que já foi de tudo na vida que uma pessoa poderia desejar ser, reitor, Governador, Senador, ministro e este senhor protagonista da educação, na verdade, escolarização que ele confunde com educação, desconhece a agrura da vida dos japoneses de Tóquio e os coreanos de Seul de alto nível de escolarização universitária e pós que vivem confinados e escravos da competição selvagem em trens e metrôs em apartamentos de dois metros quadrados, sendo empurrados para embarcarem em caixas de aço ferroviários, e trabalhando sete dias por semana, trinta dias por mês e trezentos e sessenta e cinco dias por ano para quê?

Para carregar seu Iphone com créditos e cargas elétricas, nem sequer pode ter um carro para andar na cidade que têm o trânsito mais caótico do mundo, não querem ter filhos, ou nem podem e por isso a população vai envelhecendo e diminuindo em sua misantropia, androfobia e misógina e sistêmica.

Permita-me fazer uma previsão para menos de dez anos, no máximo dentro de trinta anos será totalmente ilegal a um homem maduro se dirigir a uma mulher sem uma autorização judicial, o que obrigará ao macho portar um habeas corpus permanentemente, plastificado no seu bolso, para poder exibir ante qualquer blitz de autoridade policial ou judicial para fugir da prisão em flagrante por crime de assédio e importunação, estupro mental, violação psíquica tudo presumidamente.

Hoje, diante da Lei 11340 conhecida como Maria da Penha, é suficiente e necessário apenas o testemunho único singular e absoluto de qualquer mulher em qualquer momento ou circunstância para afastar qualquer macho de seu lar e de suas roupas, sem os seus pertences, seus bens e tudo que for além da capacidade de portabilidade de uma sacola ou mochila, para ficarem permanentemente definitivamente para trás, definitivamente fora de seu domínio e posse por ocasião do juiz-delegado-policial executor da ordem de afastamento sem o devido processo legal, sem ampla defesa, sem direito ao contraditório, sem presunção de inocência e sem trânsito em julgado fazer o divórcio mais rápido do código de processo civil, violando o pacto pré nupcial, violando o processo formal de divórcio sem audiência, sem formal de partilha de bens, sem nenhuma cautelar que preserve e proteja qualquer direito do macho, esse erga homines vige apenas e suficientemente com uma singela e curta poderosa ordem emananda e prolatada por uma mulher que apenas instrumentaliza com a sua voz todo os sistemas judicial e policial, destruindo em algumas horas toda a vida profissional, emocional, civil, financeira do pobre e desamparado macho hostil e inútil à sociedade, aquele que inventou a locomotiva, o avião, o navio, a máquina a vapor, o telefone, o automóvel, todas as ciências, a cirurgia médica, o raio laser, a bomba atômica, tudo que existe no mundo tecnológico, protegeu a humanidade das feras e de outros humanos inimigos, agora o novo discurso das mulheres emasculadas e sem o Pênis, se arvoram iludidas, enganadas, subestimadas, ignoradas, oprimidas e desvalorizadas durante milhares de anos pelo macho mau.

Então nos resta agora esperar pelo balanço no futuro do que restará da tecnologia e eficiência da humanidade quando será feita a avaliação do resultado para a humanidade desta experiência inédita onde as mulheres protagonizariam a história da humanidade nas ciências, na religião, na tecnologia, na filosofia e na vida política e cotidiana.

Nem seria preciso esperar para ver, a fisiologia neurológica e muscular do dimorfismo sexual já respondeu a estas expectativas.

Vai ser uma fase muito mais difícil e decadente do que aqueles 998 anos da Idade Média, vai ser a neo Idade Média androfóbica, quem quiser ter uma proxy do futuro é só visitar o país mais feminino do mundo depois da Suécia dos anos 60 e Finlândia que é o Canadá, e verificar de que é capaz uma civilização misândrica como Japão e Coreia do Sul.

Só esperamos que não dure outros 998 anos para uma nova Renascença e um neo Iluminismo para aquilo que restar da humanidade.

Sem culpa de ser macho.

Sem sentir culpa porque vai penetrar o falo duro, invasivo, ereto, pontiagudo, rompedor, penetrante, invasivo, devassador, imponente, conspícuo, agressor, transgressor, proeminente, ativo, concreto, armado, túrgido, viril, másculo, perfurante, devastador, incisivo, entalador, intruso, traspassante, atuante, tapador, esbulhador, esburacante, escavador, arrombador, esfoliante, deflorador, descabaçador, debulhador, cabeçudo, vara, poste, torre, tromba, bambu, pilar, viga, mastro, cabo, canhão, perna, trombeta, baqueta, pau, ponte, piquete, braço, pica, piroca, cacete, caralho, porque o oposto seria o mesmo que servir capim e grama verde para um leão, leopardo, onça, tigre, um despropósito;

As explosões musculares de um macho típico são 3 vezes maiores e mais rápidas do que as fêmeas, a massa muscular 2 vezes maior, a agressividade exacerbada faz do macho um matador nato.

Mulheres não estupram nem pagam para ter relações sexuais de um profissional masculino normalmente, exceto se tiver passado da fase mais juvenil e inflamada de sua aparência sedutora da fase jovem.

Nenhum ordenamento jurídico vai revogar as leis naturais da biologia e da evolução da espécie que levou milhares de anos escolhendo o melhor caminho e processo para garantir a preservação da espécie humana com esse modelo consagrado e aprovado plenamente sem a intervenção humana.

O engano e a decepção e o medo da bolha femem levou ao momento atual onde MGTOW e outras cadeias abertas, e sentenças de repercussão geral condenou todos os homens a uma prisão aberta onde se vê na condição de evitar qualquer contato mais íntimo com uma mulher, a mulher passou a representar uma bomba cheia de pavios e gatilhos por onde tocar pode explodir tudo.

Um dia tudo começou devagar sem levantar qualquer suspeita de que o cerco iria se fechando paulatinamente, como uma sucuri abraça a sua presa, começou sem pressa com a lei do divórcio, uma divisão de responsabilidades onde a ex-esposa ficava aposentada enquanto estivesse compulsoriamente com a guarda dos filhos e recebendo o bastante para sustentar os filhos e sair com seus namorados numa vida sem preocupações financeiras, porque o Estado que não pode e não consegue garantir a nenhum cidadão uma renda permanente, o Estado obrigava ao homem pensionista a garantir a sobrevivência e o conforto da mulher divorciada.

Demorou a cair a ficha até que enfim os casamentos passar a serem substituídos pela união casual e logo a justiça começou a reconhecer como se casamento fosse, então o passo seguinte era a guerra entre os gêneros principais, o homem e a mulher.

Como aplicar ao homem arredio que não quer mais contato nupcial nem sexual com uma mulher avulsa uma punição e o casamento compulsório?

Então inventaram a mulher vitimista presumida permanentemente do macho através do álibi da violência imanente contra a mulher, assim qualquer um macho que não se submeter a uma mulher pode sofrer a acusação de violência presumida, ou real, ou psicológica, ou intimidação, ou financeira ou moral.

Não adianta qualquer cautela, o sexo que era opcional agora será obrigatório, ou o homem deveria se apartar definitivamente de qualquer forma de contato virtual ou concreto com a mulher dominadora.

O excesso de proteção dado para a mulher faz com que seja tratada pelo macho como tutelada pelo Estado por suas palavras e atos o que inibe e bloqueia a comunicação do macho que possa parecer um abuso ou uma ameaça, então não se pode falar e argumentar nem fazer qualquer reclamação ou cobrança nem fazer uma queixa ou mostrar desagrado nem se quer reclamar alguma coisa o que leva ao completo alheiamento e a indiferença chegando no limite à apatia, desdém e isolamento, a eliminação virtual completa da mulher da vida no mundo masculino.

"Lugar de fala" mais uma expressão cretina do jargão femimi, "empoderamento femimi" são peças dos arsenais verbais utilizados para marcar território da diversidade sexual.

Os furacões eram cem por cento batizados com nomes como: Elza, Mary, Alice, Shelly sempre femininos por que a ira feminina só não é superada pelas bombas nucleares de hidrogênio.

Deus na sua imensa sabedoria ao criar a mulher deu-lhe 2,5 vezes menos densidade óssea e 3 vezes menos massa muscular e explosão muscular do que ao homem, por que com a fúria imanente feminina a mulher seria indomável, indomesticável imagine uma mulher furiosa com a força de um homem!

Eu posso falar sobre feminismo porque sou mestre em ciência comportamental, portando dispenso cancelamento e lacração, o máximo que vc pode fazer é me engolir já que não pode me contestar.

As mulheres nunca precisaram do feminismo tanto quanto os negros nunca precisaram de cotas pois estas compensações sociais são daquelas idiotices do comunismo, servem apenas para empoderar os negros incompetentes e as mulheres com depressão. Ninguém gosta de piedade, precisa de respeito apenas isso.

Nem os negros precisam de cotas tanto quanto como as mulheres dispensam o empoderamento, seria injustificável tentar explicar a opressão masculina durante os últimos seis mil anos de civilização onde os escravos machos morriam de tanto trabalhar e as mulheres deles ficavam com a parte mais amena do serviço doméstico escravo, os soldados morriam a fio de espada justamente para pouparem as mulheres das matanças das guerras;

Veja então um momento em que o trabalho muda da picareta e marreta para o teclado do computador e para o bisturi; as mulheres que haviam se acostumado a

ficarem em seus palácios castelos domésticos agora
querem disputar o mercado de trabalho dominado pela
mão de obra masculina por tradição e não por
merecimento, apenas costumados a trabalharem para
preservarem as suas fêmeas do trabalho pesado
tradicional nos portos descarregando navios,
caminhões e consertando máquinas.

No século XIX vem a revolução industrial e as mulheres
e crianças são jogadas nas jornadas intermináveis de
trabalho em Liverpool e Manchester trabalhando 18
horas seguidas, e as mulheres e crianças são
descartadas apenas por causa da concorrência da mão
de obra masculina mais eficaz e não pelo sexo delas;
simples capitalismo.

Não existem mulheres trabalhando em minas
subterrâneas, zero mulheres garimpeiras em zonas de
garimpo, somente mulheres prostitutas e cozinheiras
por lá; não existem mulheres em navios pesqueiros;
não existem mulheres trabalhando em plataformas de
petróleo; não existem mulheres vaqueiras; nem
mulheres trabalhando em câmaras frias dos frigoríficos;
nem no alto-forno de siderúrgicas; não vejo mulheres
trepadas a 150 metros de altura nas torres de
transmissão de sinais de rádio ou de sustentação de
cabos de energia elétrica de 1 milhão de volts; o serviço
pesado continuam a disposição de todos mas nós
homens temos que fazer o trabalho pesado para prover
a humanidade dos bens indispensáveis à vida.

As mulheres para ingressarem nos quadros das forças armadas, nas polícias e nos bombeiros precisam passar por exames físicos porém os testes físicos são diferentes em função de sua menor capacidade física de força e explosão muscular os seus índices e indicadores de força e resistência são de 20% a 60% menos exigidos do que a prova de capacidade física exigida para os homens, nas competições de corridas de automóveis e de motocicletas o desempenho feminino nem de longe se aproxima dos indicadores e parâmetros conseguidos pelos homens.

As mulheres esqueceram como exercitar o softpower das suas avós e foram convencidas a exercer o hardpower masculino influenciadas pelas ideias androfóbicas das feminazistas e entraram num terreno onde para não saírem completamente derrotadas no Wrestling apelaram para leis como na lei 11340 Maria da Penha.

Os homens são cafajestes porque não aceitam o envelhecimento da mulher que rapidamente começam a perder a validade porém o que os homens mais detestam do que as rugas, os peitos caídos, estrias e as celulites, e as veias saltando das varizes é o envelhecimento moral, as mulheres rapidamente perdem a inocência e o entusiasmo, e perdem a bondade se tornam velhacas e maliciosas maldosas e acham bonito tudo que era feio e detestável na mentalidade juventude feminina, o frescor da juventude simples e a leveza da vida, não é o envelhecimento físico que chega primeiro e sim o mental e moral, porque a longa disputa com o mundo masculino pode vilanizar as relações entre o homem e a mulher.

Precisamos fazer um balanço daqui até o ano de 2050 para ver se o feminismo melhorou a vida das mulheres e trouxe progresso para a humanidade. Esse é o meu prazo de volta ao machismo histórico.

Então o macho se colocou em uma prisão aberta como se tivesse uma tornozeleira eletrônica às avessas para provar a autoridade que não está em companhia de uma perigosa mulher empoderada.

A descoberta da divisão social do trabalho social foi a maior de todas as obras intelectuais de Emile Durkhein. A divisão do trabalho social dispensa comentários breves pois seria um grande desrespeito pela obra do grande sociólogo e uma pretensão de resumir a obra complexa sobre tão fascinante e amplo assunto.

Resumindo porcamente para quem nunca ouviu falar sobre este tópico da Antropologia e Sociologia a divisão social do trabalho humano permitiu que a terceira maior descoberta do homem pré histórico chegasse a construir a sociedade que temos hoje, então depois das descobertas do fogo e das ferramentas e armas a divisão do trabalho social liberou forças extraordinárias similares ao invento da linha de produção na indústria, analogamente a divisão é como uma linha de montagem primitiva onde no interior de uma indústria cada contribuição individual de cada mão de obra acaba por produzir componentes e produtos altamente complexos agregados depois de passar por cada etapa do processo de produção onde cada operário sequer precisa entender aquilo que está produzindo e qual a sua participação final no produto produzido.

Cada operário coloca a sua pequena contribuição na montagem de um complexo automóvel apenas apertando um parafuso ou encaixando uma peça apenas e a somatória de mais de 15000 etapas diversas resulta na produção de um automóvel completo sem que nenhum deles saiba produzir um automóvel sozinho.

Assim, a divisão social do trabalho social permitiu liberar o homem de todas as tarefas do único homem primitivo quer era executar todas as tarefas para a sua sobrevivência e de algum conforto, tinha que fazer sua arma de caça, tinha de caçar, tinha que fazer o seu abrigo, tinha que fazer a sua roupa, tinha que cuidar da comunidade e defende-la das feras, tinha que fazer quase tudo, exceto as tarefas que cabiam a única forma primitiva de divisão de trabalho social que sempre existiu até mesmo entre os animais como as que cabiam às fêmeas e aos velhos e crianças.

Impor uma nova regra de divisão do trabalho social baseado apenas na vontade de pessoas imbuídas de uma necessidade de construir uma nova sociedade baseada apenas em vontade de se fazer as vontades de uma justiça social baseada em ideais de compensações e igualdade implica em definir muitas novas coisas, como o que seria igualdade entre desiguais e o que deve ser exigido de cada um segundo a sua capacidade e o que cabe a cada um segundo a sua necessidade, o que destrói a ideia de igualdade bruta e simples aritmética, precisamos de uma nova métrica para definirmos o que é igualdade, ou equanimidade.

Então temos uma revolução das louças sujas na pia e da comida que não está feita por causa disso destruímos a sociedade baseada na divisão social e como a música Super Woman faz uma lamentação contada na melodia por quatro das melhores divas da music norte americana como a parte mais alta do show para a mulher andofóbica do presidente Mangina dos Estados Unidos respectivamente Michelle e Obama.

Esse problema foi facilmente resolvido na minha casa e na do meu cunhado, em vez de destruir o casamento por causa de um punhado de copos, pratos e talheres sujos na pia e um almoço ainda não preparado nós dois eu e meu cunhado silenciosamente e sem discursos e reclamações fazemos o que poderia ser feito e lavamos a louça, lavamos o banheiro, limpando a casa e

cozinhando no lugar de queixas e empoderamento
vazio.

O resultado é mais empoderamento para o homem, que
na sua expectativa de direitos e vantagens se vê em
condições psicológicas e emocionais de buscar uma
compensação invisível para esse desequilíbrio de
responsabilidades, que é gerado pelo discurso que
abriga apenas a visão mesquinha de que o trabalho
feminino é sempre aviltado, logo logo o marido estará
nos braços de sua mais compreensiva e feminina
amante lamentando a preguiça e arrogância de sua
esposa.

Não quero compactuar desta farsa deste teatrinho da
redenção da mulher na história da opressão masculina
que nunca foi reclamada pelas mulheres até inventarem
o womans lib ou a guerra da libertação feminina ou foi
mesmo depois que inventaram o computador? Depois
que inventaram o câmbio automático? Depois que
inventaram a direção hidráulica? Ou depois que
inventaram a máquina a vapor e a eletricidade e as
máquinas que liberaram a humanidade da força
bruta..... Ou é só coincidência?!!

Sem cancelamento, por gentileza. Não vou dizer aqui
se sou antimangina ou antiescravoceta.

O que vou propor é um caminho tragicômico.

Os homens foram iludidos de que poderiam controlar suas mulheres, filhas, esposas, namoradas, amantes, ficantes, por tradição cultural fomos convencidos de que as mulheres fazem parte da mesma espécie que os homens, diferenciando apenas por um cromossomo Y.

Apenas um cromossomo já é um abismo do ponto de vista biológico, implica esse único cromossomo em milhões de informações para os RNA o que nos remete ao fato de que dos 23 cromossomos humanos temos trilhões de combinações de informações genéticas que ficaram blindadas no cromossomo y.

Com o mapeamento do DNA humano cumpre revelar que somos quase duas espécies diferentes biologicamente e principalmente psicologicamente, esse foi o erro que levou a situação atual de total conflito de gênero, assim, os atos femininos estão totalmente desprovidos de significação para a lógica masculina divergente, e isso sequer é considerado nos livros de psicologia.

A hipótese de que a psicologia estuda a mente humana já é uma falácia quando tenta apenas identificar os diferenciais humanos sexuais, por não haver tais diferenciais, as mentes masculinas são totalmente diferentes das mentes femininas.

O antagonismo feminino não nasceu por causa do feminismo, a mulher nunca reconheceu no masculino um ser da mesma espécie humana a que ela pertence, portanto, tratar o homem como um ser humano não parte do cogito feminino, portanto, não precisa a mulher respeitar os protocolos humanos da mulher com respeito ao homem que deixa de ter a condição humana, na perspectiva feminina.

Pode trapacear, enganar, extrapolar as normas sociais e os protocolos sociais como se faria com uma raça alienígena, que supostamente colhe e abduzem espécimes estranhos para estudo e análise até mesmo sacrificando os espécimes estranhos à sua espécie, assim, a mulher pensa o homem como um ser de outra espécie não tendo para com o macho humano qualquer identidade e qualquer empatia por pertencer a uma outra espécie não humana, esta compreensão explica qualquer sentimento de piedade ou de respeito ou solidariedade que devotamos a um animal doméstico porque o homem é uma espécie não humana e hostil.

Qual foi o fato histórico quando todas as mulheres do mundo inteiro foram colocadas na condição de desimportância total para a humanidade e o homem foi declarado hostil ao direito de igualdade?

Essa pergunta jamais respondida pelas feministas vem junto com outra: quantos homens foram feitos escravos por sistemas criados por outros homens?

Faz parte da mitologia humana a fantasia da utopia do paraíso terrestre, não menos pior e ridícula do que a outra utopia da igualdade, como se não bastasse a lei da dialética de que não existe duas folhas de árvore iguais no universo inteiro, as nossas melhores distopias são ainda a da igualdade e a distopia da felicidade no paraíso eterno. Na terra.

Quantos homens trabalharam para outros homens como na condição de escravidão sem receberem remuneração e as mulheres sim eram consideradas portadoras de mesmas condições de escravas tal como os escravos, neste caso as mulheres feitoras dos escravos não foram solidárias às mulheres escravizadas?

É preciso também considerar como eram os contratos de trabalho na antiguidade, no império romano, no império egípcio, na renascença, na era colonial nas américas, então comparamos com as condições dos escravos em cada época, fazer um corte comparativo atemporal é inútil e ilógico.

O recorte do assunto com o corte mulheres/homens não facilita e nem soluciona nem problematiza corretamente a questão dos direitos humanos.

A violência contra os homens a partir de outros homens é estatisticamente maior de homem para homem do

que a violência de homem sobre a mulher,
simplesmente porque o agente protagonista da
humanidade é o homem, simplesmente porque é assim.

Homem é o protagonista porque se mostrou mais hábil
do que a mulher, e nada pode mudar isso; homens
habitantes do círculo polar são mais produtivos em
projetos intelectuais por causa do clima que os obriga a
ficarem isolados durante quase nove meses por ano
para se abrigarem do frio, então o macho lê mais,
medita mais e inventa mais neste período de meditação
forçada.

O que impediu a mulher de fazer o mesmo? Alguma lei
as obriga a não procurarem tarefas cansativas e
extasiantes, de ler e escrever e estudar?

A preguiça e o alheiamento a indiferença a apatia da
mulher são as responsáveis únicas pelo seu lugar na
história da civilização, uma parte dessa restrição cabe
ao fato da gestação e criação da prole ocuparem muito
do seu tempo de vida adulta.

Como foi possível durante 350 anos pessoas adultas
embarcarem sem coação em uma embarcação e se
submeterem a viagens longas para chegarem a lugar
desconhecido para começarem uma atividade
igualmente desconhecida com riscos conhecidos?

De quem estamos falando?

Os marinheiros do século XIV embarcavam nas caravelas e naus portuguesas e espanholas, com pagamento adiantado de um ano que eram entregues para a família que não embarcavam justamente por causa dos riscos das viagens marítimas onde de cada três embarcações que partiam da Europa uma nunca retornava.

Que tipo de contrato era esse para o enorme risco em troca de dinheiro que bem poderia ser ganho de outra forma?

Que tipo de empreendimento é esse onde as possibilidades de lucro envolviam um risco inaceitável?

Um contrato que lhe fosse oferecido agora em 2021, onde está garantida: habitação, sexo à vontade, comida, assistência médica, emprego certo para você e os seus filhos, sem obrigação de cuidar da sua prole, sem riscos de pagamento de pensão alimentícia, sem perda de bens por dívida, sem divórcio, sem casamento, sem fidelidade?

Acabei de descrever um contrato de um escravo negro africano do século XVII no Brasil ou nas Antilhas, ou em qualquer parte.

Para muitos hoje em dia tal contrato seria a solução melhor para uma vida miserável de favelado e excluído, mas a moral liberal atual se negaria a reconhecer que os escravos viviam em um sistema muito melhor do que os miseráveis sem teto e os sub-assalariados.

Vivemos a era dos direitos humanos que nos foram ditados sem uma consulta popular ampla sem consultarem aqueles a quem são endereçados estes direitos, e o que é pior, são imposições dos ricos países abastados apenas para nos punirem por não podermos ter as mesmas possibilidades de riquezas.

Existe uma contradição entre um paradoxo e uma contradição.

Existe paradoxo na contradição.

Não existe contradição no paradoxo.

Paradoxo são palavras de sentidos opostos que se harmonizam na sentença.

Contradição são palavras que se opõem e se anulam na sentença.

Paradoxo: "das trevas nasce a luz". Contradição: "a sua força é a sua fraqueza".

O feminismo não é um paradoxo do machismo, é uma contradição.

O feminismo nega a força e dominação machista para cobiça própria se empoderando da dominação e da mesma forca que nega aos machistas.

O trabalho doméstico feminino e a maternidade são renegados para serem tidos como uma condição impositiva cultural.

O trabalho masculino é desejado pela feminista para transformar a mulher e promover a valorização dela.

Os escravos trabalham na casa ou no seu local não doméstico necessariamente.

O servo feudal trabalhava em seu serviço doméstico ou no local não doméstico não necessariamente.

O que torna repugnante no trabalho para as feministas não é a tarefa, é ser doméstica a tarefa localizada dentro da casa.

O aviltamento do trabalho escravo estava na falta de pagamento em dinheiro.

O aviltamento do trabalho do servo feudal estava na ausência do pagamento em dinheiro.

A solução para a devolução da dignidade do escravo ou do servo foi introduzir o pagamento pelo trabalho.

A solução para tratar dignamente a feminista é mudar o seu local de trabalho, não a sua tarefa ou a sua remuneração em dinheiro. Isso é contradição e não um paradoxo.

Duplipensar: o trabalho doméstico é tão inútil, segundo as feministas, que a mulher só trabalha mesmo de verdade quando tem um trabalho fora de casa,quem trabalha em casa é sub cidadão, dona de casa, doméstica,mas..... na hora de aposentar, aí não, trabalho de casa da dona de casa humilhada e desqualificada, sub utilizada e sem a dignidade do trabalho fora de casa conta muito, segundo as mesmas feministas este trabalho sem importância passa a ser trabalho como qualquer outro fora de casa, trabalho de verdade, tanto que a mulher com dupla jornada continua a morrer bem depois do macho, provando que o trabalho em casa é muito penoso, contradizendo a retórica das mesmas feministas que insiste em dizer que a mulher somente trabalha se for trabalho fora de casa.

Entendi.

E quanto ao feminicídio?

Diz a lógica feminista que trata-se de assassinato apenas por ser mulher.

Entendi.

A mulher é morta independentemente por que é uma mulher.

Desconhecendo qualquer outra situação ou circunstância, seja autodefesa do macho, assalto, disputas materiais, disputas religiosas, nada , mas nada importa, a mulher é morta porque os homens apenas odeiam as mulheres e querem exterminá-las, é um argumento tão tolo, que se dissessem que feminicídio é um simples ato de se agredir a mulher enquanto ser humano frágil em situação de inferioridade seria uma ofensa às mulheres e à lógica feminazista que não admite essa inferioridade física imanente às mulheres, exceto no MMA, WWF, nas olimpíadas onde a mulher somente é igual fisicamente ao homem apenas na equitação, arco e flexa e no tiro al alvo.

Mundinho cão, cheio de contradições e muita estupidez politicamente correta.

Nunca houve na história humana o tal genocídio feminino como tenta provar a Maria da Penha e todas as feministas militantes.

Houve o genocídio nazista contra judeus. Genocídio cristão e muçulmano nas Cruzadas e Inquisições. Genocídio de povos em guerra, genocídios de indígenas, genocídio de negros, genocídio de bósnios em Srebrenica e Saravejo pelos sérvios, mas nunca houve um genocídio de gênero feminino na história humana.

O ÁLIBI

Mulheres sensatas não culpam os homens por uma hipotética e improvável situação de opressão machista.

Pergunte-se: porque somente agora as mulheres se descobriram oprimidas pelo machismo?

Pergunte-se se existiu algum fato na História da humanidade que comprove que o machismo existiu?

Reivindicar reparações pesadas contra a pseudo-discriminação machista é mais absurda do que reivindicar a reparação pelos ex-escravos negros sequestrados da África. Quem executaria tal cretinice! Quantos erros históricos jamais serão compensados? A Guerra dos Cem anos? O Descobrimento do Brasil e o massacre dos indígenas? A invasão napoleônica a Portugal de Don Manuel? O apartheid da África do Sul? o esbulho espanhol do ouro dos maia, inca e asteca que durou 300 anos de pilhagem e o massacre destes povos?

Mas, as femininas criaram o mito do machismo e estão ganhando compensações legais por algo que nunca foi provado e nem foi demonstrado com fatos e evidências: o mito do machismo.

Os machos são extremamente violentos, morrem assassinados a uma taxa dez vezes maior do que as mulheres são assassinadas, os negros a uma taxa vinte e duas vezes maior do que as mulheres, os gays masculinos são assassinados a uma taxa, - proporcionalmente ao número de gays - 660, vezes maior!

O macho está sendo acusado pelo seu sucesso evolutivo dos últimos 150 anos, pois nos anos e séculos anteriores ser macho foi um fardo insuportável diante das vantagens em ser mulher.

Até há duzentos anos atrás a sobrevivência da espécie humana esteve dividida entre o papel do macho e o papel da fêmea humanos. A fêmea cuidava da prole e da subsistência doméstica e o macho caçava, lutava,

trabalhava com as ferramentas que ele mesmo
elaborava.

O trabalho era tão penoso que a humanidade vivia
escravizando povos mais desorganizados e civilizações
menos providas para explorar as poucas fontes de
energia disponíveis.

Depois de muitos milênios cortando árvores, quebrando
pedras, arrastando e empilhando massas, o macho
inventou as máquinas para ajudá-lo a trabalhar com
menor esforço físico e mental.

Foi somente com a descoberta pelo macho da
eletricidade, da roda, do parafuso, do plano inclinado,
da alavanca, da roldana, do machado, da Geometria,
da Química que foi possível substituir o trabalho
escravo pelo trabalho das máquinas.

Então a Inglaterra que fez a Revolução Industrial e por
interesses comerciais foi a primeira a combater a
escravidão humana para espalhar as suas máquinas-a-
vapor pelo mundo.

Onde esteve a mulher todo este tempo, em que as
guerras eram olho-a-olho enfiando a espada e a lança
no ventre do inimigo e carregando o mundo nas costas
e no lombo dos animais?

Respondo: sendo explorada pelo machismo, em casa,
cuidando dos filhos e da alimentação enquanto o

macho opressor carregava o mundo com lágrimas, suor e sangue.

O trabalho humano mudou muito hoje. Não existe a dependência da força bruta humana, as máquinas fazem quase tudo.

É este o mundo que as feministas reivindicam. Um mundinho sem trabalho braçal, sem sacrifício e sem suor.

Para justificar a sua histórica lerdeza e completo alheiamento, alienação, desinteresse, inaptidão para o trabalho penoso e árduo na história da civilização, a mulher vem agora culpar o macho por não ter participado deste processo de progresso.

A mulher foi durante milhões de anos privilegiada sendo poupada de todo o labor árduo e perigoso, foi protegida e sustentada pelos trabalho masculino pesado.

Até hoje a mulher ainda foge do trabalho pesado e das áreas duras e perigosas (Fórmula 1, motocross, Engenharia Elétrica, Surf, paraquedismo, Engenhara Mecânica, Física).

Agora que o trabalho humano é exercido e desenvolvido atrás de uma máquina ou computador, quando até um paraplégico consegue dirigir uma carreta, um navio, um avião a mulher se apresenta toda faceira arrogando a sua condição de igualdade ignorando que o macho nunca foi nem será o seu algoz.

Exigimos pedidos de desculpas às feministas, por essa falsa acusação.

O Machões.

O macho está em extinção

Não é o que você está pensando.

Não é guerra dos sexos.

O macho é violento. Violento demais.

O macho está causando a sua própria extinção.

Normalmente nascem cerca de 51 bebês do sexo feminino para cada 50 bebês do sexo masculino.

Em algumas cidades, como em Salvador na Bahia, depois de dezoito anos, destes 51 bebês do sexo masculino nascidos estão vivos cerca de 40 machos, e todas as 51 meninas. Dez homens morreram pela violência.

Na outra cidade baiana de Eunápolis, a cidade brasileira com a mais alta taxa de violência juvenil do Brasil, a estatística fria esconde uma outra verdade: são os jovens negros que estão sendo dizimados. Não existe nenhum homem com nível superior em Eunápolis, as faculdades de Eunápolis têm 100% de

mulheres matriculadas, existe nenhum homem
matriculado em quaisquer dos cursos superiores ali.

São dados do IBGE.

No Rio de janeiro, são 87 machos para cada 100
mulheres aos dezoito anos de idade, quando nascem
cerca de 102 meninas para cada 100 meninos.

Se as mulheres de verdade estão preocupadas pela
preservação da espécie masculina, pensem bem: nas
estatísticas de mortalidade violenta, morrem no Brasil
cerca de 29 pessoas assassinadas para cada 100 mil
habitantes, em média, nos lugares mais violentos este
número é de 39 assassinatos para cada cem mil
habitantes (Em Maceió são 91 homicídios para cada
cem mil habitantes, 90% deles são de homens), sendo
que são assassinados cerca de 28,6 machos para cada
grupo de cem mil habitantes e cerca de 1,4 mulheres
são assassinadas para cada grupo de 100 mil
habitantes.

Ainda mais chocante pensar que morrem cerca de 2
homens negros assassinados para cada homem branco
assassinado no Brasil.

É um genocídio racial. Etnocídio.

Para cada mulher assassinada onze homens brancos
são assassinados e cerca de 22 homens negros são
assassinados (0,9 gays serão assassinados no mesmo

intervalo de tempo - *6% da população gay*)!

Se considerarmos que no Canadá são assassinados 1,9 pessoas para cada 100 mil habitantes e que na Noruega ou na Dinamarca são assassinadas 0,9 pessoas para cada 100 mil habitantes, infelizmente o número de mulheres assassinadas no Brasil para cada 100 mil habitantes é um número perfeitamente civilizado para o padrão de mortes em geral do Canadá, e apenas o dobro da Noruega ou Dinamarca, sendo que o número de negros assassinados no Brasil é cerca de mais de cem vezes maior!

Quem é a maior vítima da violência no Brasil: respondam mulheres, antes de começarem uma campanha contra a violência que nem de longe se aproxima de um genocídio.

Salvem os negros!

Salvem os machos!

Depois salvem as mulheres, Maria da Penha!

Políticas públicas desfocadas significam desperdício de recursos públicos. Políticas públicas não deveriam ser resultado de espasmos responsivos, e apenas satisfação pública à histeria coletiva. Alguém no Governo deveria ter a cabeça fria o suficiente para se deter diante de uma tragédia e parar de agir apenas responsivamente e fazer uma coisa no Brasil que quase

nunca mais se fez depois de Roberto Campos:
planejamento, obviamente seguido de estudos, seu
companheiro inseparável.

Assim, por causa destas distorções vimos o surgimento
das cotas raciais, depois ampliadas para cotas sociais,
vimos o surgir das políticas de bolsas escolares, depois
ampliadas para bolsa família. De soluço ou solução
meia-boca em solução meia-boca vamos engatinhando
para as verdadeiras respostas.

Enquanto o homicídio das mulheres é de apenas 10%
do total de homicídios o Governo não implementa uma
política de segurança para o restante dos assassinatos
de homens que são de apenas 90% do total, prefere
responder à histeria feminista com a Lei Maria da
Penha diante do genocídio masculino de 90% dos
machos, sendo que o crime maior de todos é o
extermínio dos negros que são assassinados em
número de 90% a mais do que os brancos. Isto sim é
política pública de segurança, e não esta propaganda
enganosa, distorcida, falsa, preconceituosa, caluniosa,
manipuladora e mentirosa.

"Repita uma mentira muitas vezes e ela acaba se
tornando uma grande verdade", Goebels, ministro da
propaganda de Hitler!

Leis de exceção no Brasil desvirtuam a estratificação
étnico-sexual-etário-geográfica

Políticas públicas desfocadas significam desperdício de

recursos públicos.

Políticas públicas não deveriam ser resultado de espasmos responsivos, e apenas satisfação pública à histeria coletiva. Alguém no Governo deveria ter a cabeça fria o suficiente para se deter diante de uma tragédia e parar de agir apenas responsivamente para fazer uma coisa no Brasil que quase nunca mais se fez depois da era de Roberto Campos: planejamento, obviamente antecipado de estudos, seu insumo, requisito e companheiro inseparável.

Assim, por causa destas distorções político-estatísticas vimos o surgimento das cotas raciais, depois ampliadas para cotas sociais, vimos o surgir das políticas de bolsas escolares, depois ampliadas para bolsa família. De soluço ou solução meia-boca em solução meia-boca vamos engatinhando para as verdadeiras respostas.

Enquanto o homicídio das mulheres que é de apenas 10% do total de homicídios o Governo não implementa uma política de segurança geral para o restante dos assassinatos de homens que são "apenas" 90% do total, prefere-se responder à histeria feminista com a Lei Maria da Penha diante do genocídio masculino de 90% (do total de genocídio) nos machos, sendo que um dos maiores é o crime do extermínio étnico dos negros que são assassinados em número de 90% a mais do que os brancos. Isto sim seria política pública de segurança, e não esta propaganda enganosa, distorcida, falsa, preconceituosa, caluniosa, manipuladora e mentirosa.

O governo federal em 13 de março de 2013 lançou um programa para eliminar a violência contra a mulher ao custo de R$ 265 milhões para o período de dois anos para construirem-se em todas as capitais brasileiras casas ao custo unitário médio de R$ 4,3 milhões as "Casas da Mulher Brasileira" com tolerância zero.

Baseados nos dados de que houve no Brasil no ano anterior cerca de 70.200 casos de violência contra as mulheres, o que dá o indicador estatístico de 0,368 casos de violência para cada cem mil habitantes.

A diferença entre este número e o indicador de violência na cidade de Maceió que foi de 91 assassinatos (e não apenas violência) geral por cem mil habitantes explica melhor o que pode fazer a histeria nas políticas públicas despropositadas e desproporcionais!

Obviamente que este índice (0,3689 por cem mil habitantes) dificilmente será baixado, pois está abaixo do índice de violência de países como Dinamarca, Suécia e Finlândia!

Só vai diminuir a violência contra a mulher quando em vez de castigo se ensinar educação sentimental aos homens e mulheres. Quem está disposto a morrer não tem medo de matar. O coração desesperado e despedaçado não recua diante da ameaça da punição.

Os talibans que o digam: Não se pune com sentença de morte o suicida-imanente.

Nada disso vai fazer recuar a violência contra a mulher se não for acompanhada de um treinamento e condicionamento do comportamento sentimental tanto do homem quando da mulher, pois assim continuarão sendo vítimas do amor mal tratado, do mal do amor desiludido.

Quando um homem mata o seu amor está tentando matar o mal que existe dentro da relação amorosa, jogando fora a água da banheira com o bebê junto.

Para viver o amor é preciso aprender a amar e o Estado precisa ensinar como o casal deve lidar com os sentimentos.

Punição não é solução, nem tampouco a remediação e o consolo dos corações e corpos dilacerados pelas dores e feridas do amor desenganado.

Os negros no país morrem quase duas vezes mais do que os brancos.

Entre os anos de 2002 e 2008, o número de homicídios de vítimas brancas cai no país, enquanto sobe o número de vítimas negras.

Segundo o estudo, no ano de 2002, morriam 45,8% a mais de negros do que de brancos, em 2005 esse número sobe para 67,1% e, em 2008, atinge o ápice de 103,4%, o que significa que para cada branco morto morrem dois negros.

O controle demográfico e o Feminismo

O feminismo tem se mostrado com o mais eficaz meio não intencionalmente proposto para este fim como controle demográfico.

Estudos os mais diversos, em várias épocas e lugares diferentes sempre apontaram estatisticamente que a escolaridade superior atua como obstáculo quase intransponível para a fertilidade feminina e quando combinado com a atividade laboral funciona como barreira para a maternidade nas populações, isto é autoevidente e autodemonstrável, dispensa comentários e maiores análises.

Interessante observar que a maior parte dos estudos sobre "planejamento familiar" - um outro eufemismo dado para o controle demográfico - é que sempre insinua-se a falta de informações sobre métodos de controle pelas mulheres ou falta de capacidade de acesso aos meios contraceptivos pela maioria das "desavisadas ou desinformadas" e carentes mulheres durante a sua fase de maior fertilidade: isto sim é preconceito e ignorância dos especialistas!

Países onde a maioria das mulheres obteve a sua emancipação e autonomização econômica estão entre os países onde a população diminui aceleradamente: Suíça, França, Noruega, Alemanha, Suécia, Islândia, EUA exceto as populações de origem latina e afroamericanas, Canadá, Áustria, Austrália, Nova Zelândia, Reino Unido, Espanha, Japão, Holanda, Luxemburgo, Bélgica, são os países onde o feminismo se introduziu nas políticas de Estado, na cultura social e nas legislações destes países.

As exceções como Portugal, Espanha, e países Africanos serão explicadas à parte. Portugal e Espanha não possuem um movimento feminista desenvolvido, mas as suas populações possuem um nível avançado em desenvolvimento social e uma legislação social altamente avançada no sentido de restringir as liberdades individuais, exigindo dos candidatos à paternidade e à maternidade fortes compromissos com a responsabilidade na educação e criação da prole; no caso dos países da África negra a miséria, a fome, as intempéries da natureza, as guerras fratricidas tem regulado o avanço demográfico fortemente.

Nos países onde estes fatores não estão presentes o feminismo atua como força determinante para a detenção das forças de expansão endodemográficas.

Existe uma clara e evidente incompatibilidade entre a realização existencial da mulher através da maternidade e a realização profissional da mulher causada por dois fatores; a) psicológico, e, b) material.

A pressão social sobre a mulher para realizar-se fora do lar tornou-se uma obsessão nos países onde o feminismo expandiu-se na sociedade, passando a ser um papel social mais importante e relevante do que o papel de dona de casa e de mãe e de esposa. A realização social exigiu que a mulher emancipada igualasse suas atividades sociais e econômicas aos papéis sociais representados pelos homens na sociedade, adquirindo desta forma um status social superior ao anteriormente valorizado de dona de casa, esposa ou/e mãe na família.

A aquisição de autonomia econômica e de bens tornou-se um fator de reconhecimento de status social muito importante para a mulher disputar um lugar novo frente ao homem na sociedade, abandonando os antigos papéis sociais ligados simplesmente à família. Agora o papel de mãe e de dona de casa-esposa não corresponde mais à importância social que possuía na sociedade anteriormente à revolução feminista nas sociedades e culturas onde tal ocorreu.

Esta será a quadricentésima vez que leio um manifesto feminista e reproduzo este excerto sem ainda lograr uma refutação a altura! Aqui vai:

"Bem que eu exultaria em concordar que a mulher chegou lá! Adoro torcer pelos oprimidos, até por solidariedade mecânica, pois sou negro e sei o que é isso. Os politicamente inocentes criaram um falso clima de que a mulher finalmente chegou lá! Quem dera que fosse verdade! Nós os negros e as mulheres temos uma enorme caminhada a percorrer para provarmos a nossa competência diante da dianteira do homem branco ocidental. Os homens criaram praticamente tudo que existe na vida moderna sem permitir a menor participação feminina, pois criaram, entre outras coisas: Submarino; Navio a vapor Aviões Automóveis Computador Sistemas Operacionais digitalizados e analógicos para dispositivos computadorizados Helicópteros hélice Geradores elétricos Solda Elétrica Caneta esferográfica Máquina de lavar roupa Secadores de cabelo Chapinha elétrica de cerâmica Microprocessadores de semicondutor Inventaram, descobriram a Física, Química Matemática Geografia Filosofia Psicologia Medicina Antropologia Sociologia Astronáutica Astrologia Engenharias e enfim, não deixaram quase nada para as mulheres descobrirem ou inventarem. Este fato deixou as mulheres em uma situação tal que as mesmas encontram-se sem condições de provarem as suas qualidades intelectuais por total ausência de qualquer oportunidade deixada pelos machos.

Não existe nenhum fato histórico comprovando a teoria de que o homem oprimiu historicamente a mulher deixando-a neste estado de total submissão e desimportância tal que precisou de um movimento internacional de libertação e liberalização. Seria uma conspiração machista transnacional e intertemporal em uma época em que os continentes nem se imaginavam

as existências uns dos outros, nas eras de pré
colonização (pré-colombiana) e pré descobrimentos das
Índias, Américas e África; quanto devaneio..!
Existe uma correlação entre população e pobreza?

A tabela demonstra que não existe uma correlação
entre o crescimento demográfico e o nível de pobreza.
A tabela de produtos nacionais bruto (PNB) e suas
correspondentes densidades populacionais (habitantes
por quilômetro quadrado) de países asiáticos, faz cair
por terra a correlação, mesmo no caso desse
continente de densidade populacional menos baixa:

País Densidade (1985) PNB (1985)

Taiwan 1.393 $2.663

Coréia 1.121 $2.150

Japão 840 $11.30024

Índia 606 $270

China 208 $310

Por ser um país continental e heterogêneo as
mudanças sociais não se dão instantaneamente em
todos os lugares e em todas as subculturas no Brasil.
Assim vemos grupos distintos que assimilaram a

revolução feminista mesmo em zonas urbanas se percebe a variedade de subculturas que desenvolveram percepções diferenciadas sobre o papel da mulher na sociedade em termos de status sociais, principalmente confrontadas com a situação econômica dos diversos grupos sociais.

As populações mais pobres dentro da mesma sociedade tende a desenvolver uma cultura matrilinear, onde o papel da mulher-mãe provedora e organizadora da família a qual cria os filhos sem a presença masculina de um pai ou padrasto, perpetuando um comportamento androfóbico nos filhos, e acentuando a importância crucial da mulher na sobrevivência dos filhos no lar, praticamente sozinha, para educar, criar e orientar o comportamento social reproduzindo a figura da autoridade feminina como a única que os infantes conhecem até adentrarem na maioridade, assim os filhos reproduzem este comportamento por não terem referências paternas em seu desenvolvimento psicológico e comportamental.

Esta autoridade única da figura da mãe solteira-viúva-abandonada em nada fica a dever em status social àquela da mulher emancipada pelo feminismo: ela é a única autoridade no lar; ao passo que a mulher casada desenvolveu em uma sociedade pré feminista uma forma de luta para emancipar-se do domínio econômico e da hegemonia do marido no lar e fora dele, como dependente econômica e afetiva do seu marido.

Representantes de governos, de um lado, costumam limitar a análise de "gênero" a um reconhecimento da função reprodutiva das mulheres cissexuais como ferramenta de equilíbrio populacional. O termo "controle de natalidade" designa políticas que têm este fim, praticamente demográfico: controlar, com instrumentos externos às famílias e às mulheres, sua reprodução. Em muitos países, como no Brasil, esterilizações forçadas são recorrentes. Tampouco são homogeneamente distribuídas, já que as mulheres negras e pobres costumam ser exatamente o tipo de população que não se deseja que aumente. Em outros, políticas como a do Filho Único, na China, têm efeitos drásticos – inclusive sobre o equilíbrio de gênero na população e o significado social dos gêneros. Quem escreveu lindamente sobre isso foi Xinran, em "Mensagem de Uma Mãe Chinesa Desconhecida" e, em forma de ficção, em "As Filhas Sem Nome" (By Marília Moschkovich– 11/06/2012Posted in: Comportamento, Meio Ambiente, Posts)

Finalmente o testemunho de Stanley K. Monteith

A Agenda de Controle da População

Stanley K. Monteith, MD

Um dos conceitos mais difíceis para os americanos a aceitar é que há seres humanos dedicados para o controle populacional coercitivo e genocídio.

Muitos leitores vão reconhecer que nosso governo está ajudando a financiar o programa Red chinesa de abortos forçados, a esterilização forçada, infanticídio, e o controle do número de nascidos vivos.

A maioria dos leitores vai aceitar o fato de que nossa nação está ajudando a financiar as Nações Unidas em todo o mundo "programa de planejamento familiar", uma forma de controle populacional.

A maioria dos homens racionais e as mulheres, no entanto, acham que é impossível acreditar que tais programas são realmente parte de um "plano mestre" para matar grandes segmentos da população do mundo.

Eu tenho que admitir que eu estudei a política da AIDS (HIV doença) para mais de uma década antes de eu finalmente chegar a uma conclusão terrível. A verdadeira motivação por trás dos esforços para bloquear a utilização do padrão de medidas de saúde pública para controlar a propagação da epidemia de HIV foi de "controle populacional".

Isso não era um conceito fácil para eu reconhecer, apesar do fato de que eu tinha há muito reconhecido que o século XX foi o mais sangrento período de cem anos em toda a história humana.

Não foi até eu viajar para Elberton, Georgia, ficar dentro das sombras escuras do monumento Druid-Like construído lá, e ler as palavras gravadas sobre os pilares de pedra maciços da estrutura, que eu finalmente vim a aceitar a verdade. Nesse ponto, tornou-se óbvio que, assim como nosso Senhor deu à humanidade Dez Mandamentos para guiar nossas vidas, assim, também, àqueles do "lado negro" foram dadas as instruções do "um" que eles adoram. Os dez programas dos "guias" são inscritos em oito idiomas diferentes nos quatro grandes pilares de granito do Stonehenge americano. Essa mensagem anuncia um futuro terrível para a humanidade, e explica por que os esforços para abordar a epidemia de Aids a partir de um ponto de vista lógico, têm sido consistentemente sabotados.

Antes de zombar, e rejeitar a minha sugestão como uma espécie de loucura, confira minhas referências, em seguida, tente refutar minhas conclusões. Se as minhas alegações são infundadas, você vai logo reconhecer o engano e voltar para suas atividades diárias, certo de que não há motivo para preocupação. Por outro lado, você deve determinar que a minha avaliação é correta, ou mesmo parcialmente correta, então você tem uma obrigação moral para decidir exatamente que parte você pretende jogar em resposta ao genocídio mundial e seus desdobramentos - como você vai se proteger, o seu amado, seus entes, e os incontáveis milhões de seres humanos indefesos em todo o mundo que foram marcados para a destruição.

Você nunca deve esquecer a advertência registrada para a posteridade por Martin Niemoeller, o pastor luterano que viveu na Alemanha de Hitler durante os anos 1930 e 1940. Suas palavras ecoam até nós sobre as décadas seguintes:

"Na Alemanha, eles vieram primeiro para os comunistas, e eu não protestei, porque eu não era comunista. Então eles vieram para os judeus, e eu não protestei, porque eu não era judeu. Então eles vieram para os sindicalistas, e eu não protestei, porque eu não era sindicalista. Então eles vieram para os católicos, e eu não protestei, porque eu era protestante. Então eles vieram para mim, e por quanto tempo, ninguém foi deixado de falar. "

Você vai notar que o reverendo Niemoeller alertou que após a vinda para os judeus, que os nazistas vieram para católicos, e protestantes. Porque é que nunca o fato foi mencionado? A pergunta que eu mais me faço é: "Como é possível você acreditar que há pessoas que pretendem matar grandes segmentos da população do mundo?"

Minha resposta é muito simples.

Eu sustento que há uma crença, religião, porque eu li os seus escritos.

Eu acredito que eles estão dizendo a verdade. Assim como Adolf Hitler escreveu a respeito de seus planos para a Europa em "Mein Kampf" (Meu Plano), assim, também, aqueles que pretendem despovoar grandes segmentos da Terra escreveram sobre a necessidade de limitar a população mundial.

Eles tem plenamente a intenção de "exterminar" uma parcela significativa da população mundial.

O fato de que a grande maioria dos americanos nunca ouviu falar de sua intenção, de O Guia da Geórgia, em Elberton, ou de "O Plano" e "A Hierarquia ", atesta o grau de controle que existe sobre o que o povo americano foi autorizado a saber sobre as forças ocultas que estão trabalhando dentro da nossa sociedade hoje.

Margaret Sanger e Planned Parenthood

Enquanto você lê você vai descobrir logo que eu principalmente me baseei em material que pode ser facilmente encontrado em livros, áudios-gravados entrevistas e fontes de notícias públicos. Se você tomar o tempo para verificar as minhas referências, você vai descobrir logo que realmente existem aqueles que publicamente defenderam a eliminação de "ervas daninhas humanas" e "purificação da sociedade." De fato, até hoje o dinheiro dos impostos é usado para financiar Planned Parenthood, uma organização fundada por Margaret Sanger.

Durante a década de 1930 Margaret Sanger apoiou abertamente o plano nazista para a engenharia genética da população alemã, e a propagação de uma "super raça."

Em 1985, Planned Parenthood do "Relatório Anual". Os líderes dessa organização proclamaram que eles eram, "orgulhoso de nosso passado, e planejando para o nosso futuro."

Como alguém poderia alegar de se orgulhar da organização fundada por Margaret Sanger quando a história registra que ela escreveu sobre a necessidade de: "o extermínio de ervas daninhas dos humanos ... a" cessação da caridade, "... a segregação de 'idiotas, desajustados, e inadaptados', e ... a esterilização de "geneticamente raças inferiores '.""

Margaret Sanger publicou "A Revista Controle da natalidade". Em qual revista ela apoiou abertamente o "programa de infanticídio", promovido pela Alemanha nazista na década de 1930, e publicamente defendido objetivo de Adolf Hitler de supremacia racial branca ariana.

Nos anos anteriores à Segunda Guerra Mundial, Margaret Sanger contratada de Ernst Rudin, um membro do Partido Nazista, e diretor dos temidas alemãs Programas de experimentação médica, para servir como uma conselheira para a sua organização.

Em seu excelente livro "Anjo Assassino", de George Grant narra a vida e os escritos de Margaret Sanger, e cuidadosamente documenta planos de Sanger para a engenharia genética da raça humana. George Grant notou que na década de 1920 Margaret Sanger escreveu "O Pivot of Civilization", em que ela pediu:

"A eliminação de ervas daninhas dos humanos,» para o «cessação da caridade", porque prolonga a vida dos imprópria para a segregação de idiotas, desajustados, e inadaptados, e para a esterilização de raças geneticamente inferiores. " segundo George Grant, Margaret Sanger acreditava que o incapaz não devem ser autorizados a reproduzir.

Assim, ela abriu uma clínica de controle de natalidade em: "A seção de Brownsville de Nova York, numa zona povoada por recém-imigrados eslavos, latinos, italianos e judeus Ela alvo " impróprio "para sua cruzada para." Salvar o planeta ".

Dezenove anos depois, em 1939, Margaret Sanger organizou o seu "projeto de Negro", um programa destinado a eliminar os membros do que ela acredita ser uma "raça inferior". Margaret Sanger justificou sua proposta, porque ela acreditava que: "As massas de negros ... particularmente no Sul, ainda reproduzem descuidada e desastrosamente, com o resultado que o aumento entre os negros, ainda mais que entre os

brancos, é de que parte do pelo menos população
inteligente e apta ... " Margaret Sanger, em seguida,
passou a revelar que tinha a intenção de contratar três
ou quatro ministros coloridos "a viajar para vários
enclaves negros para fazer propaganda para o controle
da natalidade." Ela escreveu: ". A abordagem de maior
sucesso educacional do negro é através de um apelo
religioso. Nós não queremos a palavra que diz que
queremos exterminar a população negra, e o ministro é
o homem que pode endireitar essa ideia se algum dia
ocorrer a qualquer de seus membros mais rebeldes. "
(Grifei-Ed.) 8

Como organização Margaret Sanger cresceu no poder,
aceitação, influência, e, ela começou a escrever sobre a
necessidade de segmentação de grupos religiosos para
a destruição, bem como, acreditando que as "raças
disgênica" deve incluir os "fundamentalistas e
católicos", além de "negros, hispânicos (e) os índios
americanos. "

Como o passar dos anos, Margaret Sanger tornou-se
cada vez mais obcecada com suas crenças ocultistas.
Junto com a sua aceitação do ocultismo, ela se tornou
cada vez mais hostil ao cristianismo e os preceitos
americanos de liberdade individual sob Deus. Seu
desgosto para a América pode ser visto em seus
escritos, quando ela escreveu: ". Apelos ao controle de
natalidade para o radical avançado, pois é calculado
para minar a autoridade das igrejas cristãs. Estou
ansiosa para ver algum dia a humanidade livre da

tirania do Cristianismo não menos que o capitalismo. "

Margaret Sanger, eventualmente, abraçou o comunismo não só mas também a teosofia. O que é teosofia? É uma religião, ocultista secreta baseada na rejeição de Deus e da adoração de Lúcifer. Em tempos modernos da América, a teosofia é uma das mais poderosas escondidas (ocultas) forças que trabalham por trás das cenas em Nova York, Washington DC, e em toda a nossa nação hoje.

Quantas vezes você já foi informado de que Adolf Hitler matou 6 milhões de judeus no Holocausto? O que a você provavelmente nunca foi dito, no entanto, é o segmento da tragédia do Holocausto registrados pelo Professor Norman Cohn em seu relato histórico do Holocausto judeu, "Mandado de Genocídio."

Professor Cohn narrou os dias sombrios da Segunda Guerra Mundial, observando: Apenas um terço dos civis mortos pelos nazistas e seus cúmplices eram judeus ... Outros povos foram marcados fora de dizimação, subjugação e escravização, e as perdas civis a alguns destes (países - ed.) ascendeu a 11 por cento para 12 por cento da população total ".

Se os dados do Professor Cohn são precisas - e tenho certeza que eles são, porque outros pesquisadores judeus vêm-se com valores semelhantes - então por que não os cristãos da América foram autorizados a aprender o fato de que além de 6 milhões de judeus

assassinados pelos nazistas, em algum lugar entre 7 e
12 milhões de não-judeus também foram
impiedosamente liquidados na Alemanha de Hitler?

Acredito que esta informação tenha sido
intencionalmente suprimida porque aqueles que foram
mortos eram em grande parte cristãos, e as forças
ocultas que controlam a realidade do público norte-
americano hoje não quer que os seguidores de Jesus
Cristo em nossa nação despertarem o seu ódio e
decepção a sua conta e risco ... até que seja tarde
demais.

Hitler odiava não apenas judeus e o judaísmo, ele
também odiava os cristãos e o cristianismo também.
Por que isso? Porque Adolf Hitler, assim como Margaret
Sanger, foram discípulos da teosofia e de Madame
Blavatsky, a fundadora de uma religião que adorava
Lúcifer.

Assim, tanto Margaret Sanger e Adolf Hitler foram
energizados pelas mesmas "escuras, forças espirituais."
O fato de que a maioria dos cidadãos nunca ouviu falar
de Madame Blavatsky, a teosofia, ou que dois dos
discípulos mais ardentes de teosofia eram Adolf Hitler e
Margaret Sanger reflete claramente o grau de controle
que existe sobre o que o povo americano foi autorizado
a aprender sobre as forças ocultistas no trabalho em
nossa nação hoje.

Como pesquisador sobre o tema do oculto, eu regularmente recebo cartas e publicações da Lucis Trust. A Lucis Trust de hoje é a extensão dos dias de hoje do "Lucifer Publishing Company", uma organização fundada por Alice Bailey durante os primeiros anos do século XX. Alice Bailey foi uma discípula de Madame Blavatsky e líder nominal da Sociedade Teosófica entre os anos 1900 e final dos anos 1920.

Porque o nome "Lúcifer" tinha uma conotação ruim, naqueles dias, Alice Bailey mudou o nome da sua organização de "Publishing Company O Lúcifer" para "A Lucis Trust". A natureza e as crenças de sua organização, no entanto, sempre permaneceram as mesmas. A Lucis Trust de hoje é um dos grandes grupos da frente através do qual a teosofia trabalha para influenciar a vida aqui na América. Os poderes sobrenaturais que ainda energiza A Lucis Trust, hoje certamente vêm das mesmas escuras forças espirituais que tem energizado Madame Blavatsky, Adolf Hitler, e Margaret Sanger em gerações passadas.

Publicações de A Lucis Trust regularmente referem-se a "O Plano" para a humanidade que foi criada por "A hierarquia." Parte desse plano está inscrito nas grandes pilares de granito do Stonehenge Americano em Elberton, Georgia ... "O Guia da Geórgia."

Uma discussão completa sobre os assuntos de controle populacional e ocultismo vai muito além do escopo desta monografia curta. Toda a documentação sobre estes assuntos podem ser encontrada no meu livro prestes a ser publicado, "Ninguém Ousa chamar isto de Genocídio."

Neste momento, deixe-me simplesmente oferecer alguns exemplos das opiniões expressas por aqueles que publicamente defendem a redução da população e / ou genocídio.

David Graber, um biólogo pesquisador no National Park Service, foi citado no Los Angeles Times Book Review Seção, 22 de outubro de 1989, como dizendo: ". Felicidade humana e certamente a fecundidade humana não são tão importantes quanto um planeta selvagem e saudável eu conheço cientistas sociais que me fazem lembrar que as pessoas fazem parte da natureza, mas não é verdade ... Nós nos tornamos uma praga sobre nós mesmos e sobre a Terra ... Até que o homo sapiens decida se juntar novamente à natureza, alguns de nós só poderá esperar para o vírus o direito de viver. "

Michael Fox, quando ele era o vice-presidente da The Humane Society dos Estados Unidos, escreveu: "A humanidade é o animal mais perigoso, destrutivo, egoísta e sem ética sobre a terra".

Em "A Primeira Revolução Global", publicado pelo Conselho do Clube de Roma, uma organização internacional elitista, os autores observam que: "Em busca de um novo inimigo para nos unir, nós viemos com a ideia de que a poluição, a ameaça do aquecimento global, escassez de água, fome, e como iria caber a conta. Todos estes perigos são provocados por intervenção humana ... O verdadeiro inimigo, então, é a própria humanidade ".

Los Angeles Times de 5 de abril de 1994 já citada Cornell University Professor David Pimentel, falando perante a Associação Americana para o Avanço da Ciência, dizendo que, "A população total do mundo deveria ser não mais de 2 bilhões ao invés do atual 5,6 bilhões. "

No Correio da UNESCO de Novembro de 1991, Jacques Cousteau escreveu: "O dano que pessoas causam ao planeta é uma função da demografia - é igual ao grau de desenvolvimento do consumo dos norte americanos na terra e é muito mais do que vinte Bangladeshes ... Isto é. uma coisa terrível de se dizer. A fim de estabilizar a população mundial, temos de eliminar 350.000 pessoas por dia. É uma coisa horrível de dizer, mas é tão ruim não quer dizer que "

Bertrand Russell, em seu livro, "O Impacto da Ciência na Sociedade", escreveu, "Atualmente, a população do mundo está aumentando ... Guerra até agora não teve grande efeito sobre o aumento ... Não tenho a pretensão de que controle de natalidade seja a única maneira em que a população pode ser mantida de aumentar. Há outros ... Se uma peste negra pudesse ser espalhada por todo o mundo uma vez em cada geração, os sobreviventes poderiam procriar livremente, sem tornar o mundo muito cheio ... o estado de coisas pode ser um pouco desagradável, mas e daí? Realmente nobres pessoas são indiferentes ao sofrimento, especialmente o dos outros".

Crescimento Populacional Inc. de Teaneck, New Jersey recentemente circulou uma carta dizendo o seu objetivo de longo alcance. "Acreditamos que a nossa meta para os Estados Unidos não deve ser superior a 150 milhões, o nosso tamanho em 1950. Para o mundo, acreditamos nosso objetivo deve ser uma população não superior a dois bilhões, seu tamanho logo após a virada do século. "

Relatório de Avaliação Global do UNEP (Organização das Nações Unidas um grupo de estudo patrocinado), Project of Phase One, Seção 9, os autores citam um especialista que sugeriu que: "Uma estimativa razoável para uma sociedade em um mundo industrializado no presente padrão material de vida norte-americano seria 1 bilhão. No padrão mais frugal de vida europeu, 2 a 3 bilhões seriam possíveis. "

Influência Idade Mais Nova

Falando em um grupo de discussão em mesa-redonda na Conferência de Gorbachev, realizada em San Francisco, no outono de 1996, o Dr. Sam Keen, um escritor da Nova Era e filósofo afirmou que houve um acordo forte em que as instituições religiosas têm de assumir uma responsabilidade primária pela explosão populacional. Ele passou a dizer que, "Temos de falar mais claramente sobre a sexualidade, contracepção, sobre o aborto, sobre os valores que controlam a população, porque a crise ecológica, em suma, é a crise da população. Corte a população em 90% e serão muitas pessoas que deixarão de fazer uma grande quantidade de dano ecológico. "

Observações Mr. Keen foram recebidas com aplausos da plateia reunida composta em grande parte de adeptos da Nova Era, os socialistas, internacionalistas e ocultistas. Muitos dos principais ocultistas do nosso mundo moderno que participaram da reunião em San Francisco, uma reunião organizada por Mikhail Gorbachev, ex-diretor da KGB soviética, e mais tarde Presidente da Rússia.

Qual é a mensagem encontrada no Guia da Geórgia? Qual é o plano dos "guias"? Se você ler a literatura ocultista, você vai logo descobrir que aqueles que adoram Lúcifer hoje referem-se a uma "hierarquia" que orienta tanto as suas ações e os acontecimentos do mundo. Quem são os "Hierarquia"? A Lucis Trust, antiga Companhia Editora Lúcifer, enviou recentemente uma carta aos seus apoiadores dizendo, "A Hierarquia espiritual faz uso definitivo dos doze períodos Festival espirituais. Podemos aprender a cooperar com os membros da Hierarquia como eles trabalham para trazer o Plano divino para a atenção de homens e mulheres de boa vontade e aspiração espiritual por todo o mundo. A ideia de abordagem espiritual - de hierarquia para a humanidade e a humanidade à Hierarquia - é o princípio fundamental subjacente a meditação ... a compreensão de como as energias espirituais que fluem através de cada signo zodiacal pode iluminar e inspirar corretas relações humanas. "

Os antigos druidas eram membros de uma religião ocultista, o círculo de monumentos em Stonehenge, na Inglaterra é ocultista, e a mensagem gravada no Stonehenge americano em Elberton é ocultista. Yoko Ono é a viúva de John Lennon, um homem que estava profundamente envolvido com o ocultismo. Yoko Ono escreveu uma partitura musical, com três movimentos dedicados à mensagem do Guidestones Geórgia.

Ela foi recentemente citada como dizendo, "Eu quero que as pessoas saibam sobre as pedras ... Nós estamos indo em direção a um mundo onde podemos fundir-nos para cima e talvez o mundo não vá existir ... é um bom momento para reafirmar a nós mesmos, conhecer todas as coisas bonitas que estão neste país, e as pedras Geórgia a simbolizar que ".

Qual é a mensagem para o homem moderno-dia que está gravado nas grandes pilares de pedra do monumento Druid-like em Elberton? O primeiro dos "guias" lê-se: ". Manter a humanidade sob 500.000.000 em perpétuo equilíbrio com a natureza (This-Ed.) significa toda a raça humana em seu nível clímax para o equilíbrio permanente com a natureza."

Estudo Tuskegee Infamous

Na história recente, temos visto a influência dos defensores da população ocultistas sobre o controle aqui na América. Em nenhum outro lugar a influência tem sido melhor demonstrada do que no Estudo de Tuskegee, um programa de pesquisa científica, em que 400 homens infectados com sífilis, negros, foram recrutados pelo Serviço de Saúde Pública dos EUA em 1932. Os participantes foram todos informados de que eles seriam tratados para as infecções, mas em vez de tratar a sua doença, todos os medicamentos foram retidos. Os homens negros foram, então, ativamente impedidos de obter o tratamento em outros lugares como os seus corpos, e os corpos de suas esposas e filhos, foram sistematicamente devastados pela doença.

Os homens maus que conceberam esse estudo ao estilo nazista justificaram a sua atrocidade, alegando que os cientistas precisavam aprender como a sífilis não tratada progrediu no corpo humano. Por um período de 40 anos, entre 1932 e 1972, o Estudo de Tuskegee genocida continuou. Não foi até 1972, quando um jornal finalmente teve a coragem de quebrar a história para o público, que o Estudo de Tuskegee foi finalmente encerrado.

Por esse tempo, apenas 125 dos originais 400 homens negros haviam sobrevivido.

Para o dia de hoje, 24 anos após o fim dessa experiência humana grotesca, nenhum dos autores dessas atrocidades foram ou acusados ou indiciados pelos seus crimes.

Por volta de 1932, quando o estudo Tuskegee começou, as ideias de Margaret Sanger já tinham começado a infectar as mentes e as almas dos médicos e cientistas aqui na América. De acordo com Margaret Sanger o sentido de amoralidade, experiências em "ervas daninhas humanas" foram plenamente justificadas em nome da "ciência". Você honestamente acredita por um momento que tal experiência teria sido tolerada aqui na América se tivesse como participantes homens brancos?

Outro método muito mais eficaz de reduzir a população mundial foi criado em 1960 por um grupo de ambientalistas e de adeptos de controle de população. Eles partiram para bloquear o uso do DDT para o mosquito e controle da malária, após ter sido descoberto que o inseticida foi extremamente eficaz em salvar vidas humanas.

Alexander King, presidente do Clube de Roma, escreveu: "Minhas próprias dúvidas vieram quando o

DDT foi introduzido. Na Guiana, dentro de dois anos, tinha quase eliminado a malária. Assim, a minha briga com o uso de DDT, em retrospecto, é que ele tem muito contribuído para o problema da demografia. "

Em 1970 a Academia Nacional de Ciências, em seu livro "Life Sciences", afirmou que, "Em pouco mais de duas décadas o DDT impediu 500 milhões de mortes devido à malária."

Para defensores do controle de população, esta preservação irresponsável da vida humana era inconcebível, portanto, eles partiram para proibir a posterior utilização do pesticida.

Até 1970 todos os dados científicos confiáveis têm consistentemente demonstrado que o DDT era totalmente seguro para seres humanos e animais. Na verdade, o DDT foi o pesticida mais seguro já conhecido pela humanidade. Além disso, era barato e pode ser amplamente utilizado em países do terceiro mundo para controlar a propagação de doenças transmitidas por insetos. Assim, o grupo de adeptos de controle da população começou a determinar o banimento do uso de DDT em nome da salvação do meio ambiente.

Você provavelmente já leu as histórias inventadas, alegando que o DDT causou amolecimento das cascas de ovos, interferiu com o equilíbrio da natureza e da humanidade em perigo, entrando na cadeia alimentar.

Na verdade, todas essas histórias foram fabricadas, e eram simplesmente parte de um programa cuidadosamente coordenado para bloquear ainda mais o uso do pesticida salva-vidas.

Se você estiver interessado em aprender a verdade sobre a campanha mentirosa travada contra o DDT, eu sugiro que você solicite uma cópia dos meus áudios-gravados entrevistas com o Dr. J. Gordon Edwards.

Dr. Edwards é um biólogo de renome mundial que liderou a luta em 1960 para combater o programa de propaganda travada pelos ambientalistas e defensores do controle de população para proibir o uso adicional de DDT. Você também pode solicitar uma cópia da excelente monografia Dr. Edward, "Lembrando Silent Spring e suas consequências."

William Ruckelshaus era um membro de longa data do Fundo de Defesa Ambiental, e Diretor do EPA. Ele proibiu ainda o uso do DDT em 1972, apesar da recomendação do presidente da comissão de investigação da EPA, que tinha ouvido seis meses de depoimentos sobre o uso do pesticida, e tinha determinado que o DDT era completamente seguro. Quando Ruckelshaus proibiu ainda o uso de DDT, ele assinou a sentença de morte para centenas de milhões de seres humanos que vivem em países do terceiro mundo. Para aqueles energizados pelo lado negro, no entanto, a perda de centenas de milhões de vidas humanas é relativamente irrelevante.

Na sua excelente monografia, "Lembrando Silent Spring e suas Consequências", o professor J. Gordon Edwards citou um discurso proferido por Victor Yanconne, fundador do Fundo de Defesa Ambiental. Nessa conversa, o Sr. Yanconne relatou uma história contada a ele por um repórter que perguntou Dr. Charles Wurster, um dos principais adversários de DDT, se a proibição do DDT não iria realmente resultar em uso muito maior de muito mais tóxicos pesticidas. Dr. Wurster é relatado por ter respondido: ".. Então, se as pessoas são a causa de todos os problemas que temos, muitos deles, Nós precisamos nos livrar de algumas delas e isso é uma forma tão boa quanto qualquer outra." Galinha solicitado pelo mesmo repórter: "Doutor, como você concilia o assassinato de pessoas com a simples perda de alguns pássaros?" Dr. Wurster relatou ter respondido: "Elas realmente não fazem muita diferença, porque fosfato organo age localmente e só mata trabalhadores rurais e a maioria deles são mexicanos e negros."

Quantas pessoas já morreram nos últimos 25 anos desde que o uso do DDT foi proibido? Se a Academia Nacional de Ciências estava correta em sua avaliação de 1970 que 500 milhões de vidas foram salvas pelo DDT ao longo de um período de vinte anos, então nós provavelmente já perdemos mais de 600 milhões de vidas humanas durante os últimos vinte e cinco anos desde que os defensores do controle da população conseguiu proibir o uso de DDT.

A relação entre o aborto carcinoma de mama, e
Controle da População

Deixe-me dar outro exemplo de um programa de
controle populacional que está sendo promovido aqui
nos Estados Unidos hoje.

Muitos médicos têm expressado sua preocupação com
o aumento dramático do carcinoma de mama em
mulheres nos últimos anos.

Apesar do fato de que 18 estudos científicos publicados
em ambos os periódicos nacionais e estrangeiros de
medicina têm demonstrado claramente a relação causal
direta entre o primeiro trimestre do aborto e câncer de
mama, todos os esforços para divulgar a informação
aqui nos Estados Unidos têm sido constantemente
bloqueados por aqueles que favorecem o aborto e o
controle populacional.

No outono de 1996, um novo estudo científico lidando
com uma meta-análise de 23 diferentes estudos
científicos sobre a relação entre abortos durante o
primeiro trimestre e câncer de mama foi publicado em
uma revista médica britânica.

Esse estudo demonstrou claramente uma maior
incidência de câncer de mama em mulheres que
tiveram abortos durante o primeiro trimestre. Em
resposta a essa publicação, a American Medical

Association (AMA), a American Cancer Society (ACS),
e os defensores pro-abortion/population-control se
uniram em uma aliança profana para atacar as
conclusões dos autores, e para bloquear todos os
esforços a divulgar essa informação para os médicos
norte-americanos.

Todas as organizações citadas acima continuam a por-
se em esforços para que os médicos alertassem as
mulheres dos riscos que eles enfrentam quando se
submetem a abortos durante o primeiro trimestre. Antes
de realizar todos os procedimentos cirúrgicos na
América", aconselhou o consentimento" é necessário,
exceto para o aborto.

A AMA o ACS, e o lobby pró-morte continuam a insistir
que as mulheres não devem ser avisadas sobre o risco
em que incorrem quando destroem a vida de seu filho
por nascer. Por que existe essa incompatibilidade?
Políticas atuais de aborto nos Estados Unidos são
absolutamente necessárias para reduzir a nossa
população. É por isso que uma criança menor pode ser
levada da escola para uma clínica de aborto sem
notificação aos pais, ainda que à uma criança mesmo
não possa ser dada uma aspirina sem o consentimento
dos pais. Tudo tem a ver com controle populacional.

Controle da População na Rússia Hoje

Outro exemplo dramático de controle populacional é a
tragédia que se desenrola na "antiga" União Soviética

hoje em relação à longevidade do sexo masculino. Na
Rússia, o tempo de vida do homem médio russo caiu
vertiginosamente ao longo das últimas décadas. A
esperança média de vida de um homem norte-
americano é 74-78 anos de idade, e no Japão a média
de vida é de 78 anos, mas a média de vida dos homens
russos caiu de 68 anos na década de 1970 para 63,8
anos em 1985, para 57,7 anos em 1994. Estima-se que,
se as tendências atuais continuarem, a média de vida
de um homem russo será de 53 anos logo após a
virada do século. Você realmente acredita que essa
redução chocante na vida está acontecendo,
simplesmente por "acidente"? As verdadeiras causas
desta redução dramática no tempo de vida na Rússia
serão detalhadas em meu livro que vem, "Ninguém
Ousa chamar isto de Genocídio".

Os Massacres em África

Basta saber o que realmente aconteceu com os cristãos
em Ruanda, entre abril e julho de 1994 para imaginar o
que pode estar na prateleira da loja de métodos de
contenção populacional para os cristãos aqui na
América, em algum momento num futuro não muito
distante.

Após os tutsis, os cristãos tinha sido desarmados por
decreto governamental no início de 1990, hutus, as
forças lideradas pelos militares, começaram a
massacrar sistematicamente os cristãos indefesos. O
massacre começou em abril de 1994 e continuou até

julho de 1994. Usando machetes em vez de balas, as forças hutu foram capazes de criar um estado de medo e terror abjeto na população indefesa cristã com eles sistematicamente assassinadas centenas de milhares deles. A Organização das Nações Unidas convocou imediatamente audiências sobre o genocídio em Ruanda, mas Madeline Albright, a embaixadora americana na ONU, argumentou vigorosamente que vizinhas nações africanas não devem ser autorizadas a intervir até que a "guerra civil tenha chegado ao fim." Na realidade, é claro, não havia guerra civil desde aqueles que estão sendo abatidos não tinha armas para se defender.

Era simplesmente uma questão de assassinato em massa.

Além de bloquear a intervenção por nações vizinhas, Madeleine Albright também insistiu que a palavra "genocídio" não devesse ser utilizada, e que as forças das Nações Unidas estacionadas em Ruanda não deviam ser autorizados a intervir. Nos três meses que se seguiram, entre metade e três quartos de um milhão de cristãos foram sistematicamente desmembrados, cortado até a morte, e abatidos na sangrenta carnificina que se seguiu. Dezenas de milhares de cristãos foram assassinados em suas igrejas; dezenas de milhares foram assassinados em seus hospitais e em suas escolas. Em várias ocasiões, os soldados das Nações Unidas estacionados em Ruanda, na verdade entregou cristãos indefesos sob sua proteção para os membros da milícia hutu. Eles, então, foram rudemente cortados em pedaços.

No final da carnificina, no final de julho de 1994, o governo americano premiou os assassinos hutus com milhões de dólares em ajuda externa. Estranhamente, a imprensa americana tem-se mantido em silêncio sobre o fato de que quase todos aqueles que foram abatidos eram cristãos, e era a política do nosso governo em que foram os principais responsáveis por bloquear os esforços de países africanos vizinhos a intervir.

Há literalmente dezenas de outros exemplos de programas de controle de população que têm sido implementados em todo o nosso mundo moderno "malthusianos" em seus esforços para garantir que a população mundial seja drasticamente reduzida. Até a data, estima-se que muito mais de um bilhão de vidas humanas foram exterminadas como um resultado dos programas em todo o mundo de aborto financiados pelos Estados Unidos. Além disso, estamos começando a ver os efeitos devastadores da epidemia de AIDS como esta praga moderna começa a despovoar vastas áreas de Ásia e África. Devido à influência de controladores de população ocultistas, no entanto, todos os esforços lógicos para enfrentar o HIV epidêmico em todo o mundo continuam a ser bloqueados.

Muitas mulheres se vêm frustradas com o mundinho cheio de sucesso e de realizações profissionais e

psicológicas prometido pela emancipação da
escravidão do trabalho de dona de casa-esposa-mãe.

Nem todas têm o pendor para passarem 15 anos de
suas vidas estudando para passarem o restante da vida
disputando um lugar que realmente valha o esforço da
troca da estreiteza da vida doméstica pela dureza da
luta e da busca constante pela topo da carreira para
chegar ao prêmio, este sim o lugar prometido que é o
mais perto possível da realização existencial de uma
vida de um assalariado.

Não imaginou que fosse acordar às 4:00 da madrugada
para estar num transporte coletivo lotado, sendo
seviciada, empurrada, agarrada, pisoteada, currada,
para depois de pouco mais de duas horas de barulho,
sacolejo, cambagens chegar ao seu paraíso, que é o
prometido trabalhar fora de casa.

Quem disse que todas as pessoas têm pendores para a
constante aprendizagem, ter uma plêiade de chefes,
cumprirem horários estreitos, conviver com pessoas as
quais você não escolheria nem para inimigo, prestar
contas de suas tarefas e nem sempre ser reconhecida
pelo seu trabalho diário.

Suportar a competição selvagem é o menor de todos os
sacrifícios, ter de estar sempre arrumada, ser perfeita e
enfrentar concorrência nem sempre leal dos mais
jovens e dos mais ousados e inescrupulosos colegas de
trabalho.

De rainha do lar para uma simples assalariada, insumo administrativo, mais uma peça da engrenagem dos negócios não era esse o sonho prometido pela emancipação do lar.

O controle da natalidade exercido pela ideologia do feminismo foi o mais eficaz meio de controle demográfico jamais imaginado, planejado e sonhado pelos mais ardilosos e sinistros inimigos da fertilidade e da humanidade que jamais sonharam com esta possibilidade, mas foi a sinestesia de uma vontade de alçar a mulher de mais 5000 anos coadjuvando o macho no protagonismo da humanidade que sozinho sem a participação da fêmea de sua espécie o homo sapiens criou todas as ciências, as artes, fez as guerras para somente agora a mulher dar o seu grito de igualdade e reconhecimento no mundo formatado pelo macho da espécie, comprometendo o futuro e a sobrevivência da espécie com nunca antes esteve jamais ameaçada de desaparecer da face da Terra.

A Revolução da Luta-de-classes a partir do Feminizmo

A reprodução do círculo vicioso ou a libertação da mulher, gênero, da opressão machista, econômica, pessoal, profissional e política, e a sua emancipação poderá resultar, a longo prazo, em retrocesso: Como evitar este círculo vicioso será o tema deste ensaio.

Pergunta-se: como poderá este círculo virtuoso desenhado pelas feministas emancipadas reproduzir-

se, para perpetuar-se e garantir às novas gerações,
sem a prole?

Todo o esforço de cinco gerações de feminiztas e
mulheres emancipadas pode ir por água-a-baixo,
(poderá ser perdido).

Simplesmente porque as mulheres vitoriosas na guerra
dos sexos são demograficamente minoritárias por
causa do número de descendentes remanescentes, por
causa do alto custo de reprodução, se comparada à
prole daquelas mulheres que, majoritariamente, não
aderiram ao emancipacionismo feminista por faltar-lhes
principalmente capital humano para investirem na sua
emancipação econômica e intelectual, cuja prole mais
numerosa do que a prole das feminiztas, acaba por
torná-las majoritárias demograficamente.

Ao contrário das mulheres emancipadas, vitoriosas, que
via-de-regra não deixa prole, as proletárias não-
emancipadas que deixam numerosa prole acabam
reproduzindo a situação anterior à emancipação
feminina, anulando todo o avanço das feminiztas.

Duas condições objetivas são determinantes para isso:

a) Falta-lhes tempo para cuidarem da prole;

b) O altíssimo custo do longo financiamento do ócio
produtivo exigido pela preparação escolar para
reproduzir o status feminista;

c) A sua prole tende a ser menor do que a prole das
não-feministas, em torno de 1 filho.

Condições subjetivas determinantes para isso:

a) Mulheres emancipadas são androfóbicas; (não têm parceiros masculinos durante a maior parte de sua vida economicamente produtiva);

b) Mulheres emancipadas rejeitam o casamento ou o consorciamento com parceiro deixando de compartilhar outra fonte de recursos materiais;

c) O custo não pode ser dividido e assim os investimentos são replicados nesta célula uni familiar tornando os custos fixos e variáveis mais altos de subsistência e de investimentos na prole, em geral.

Torna-se contraditório que o final deste ciclo de emancipação feminizta será a perda de todo o esforço de cinco gerações de feminiztas e de movimentos emancipatórios da mulher.

Com se previu através da teoria do economista italiano Vilfredo Paretto da "Circulação das Elites" a solução viria da necessária suplementação das classes inferiores, das proletárias não-emancipadas, e dos casais convencionais não-feministas formados de modo tradicional.

A alternativa a isso seria uma oligarquia, um matriarcado oligárquico, das feministas, criando um status quo semelhante ao anterior à fase da Revolução Francesa.

Teríamos uma nova Queda da Bastilha?

Teríamos uma nova Revolução dos proletários, numa luta-de-classes?

Seria a Revolução dos Proletários com implantação da Ditadura do Proletariado.

Assim, com esta quebra do contrato social, e de papéis sociais a sociedade feminista produziria as condições objetivas para a sua própria autodestruição da reprodução da gestão do fim da opressão dos gêneros, e de classes, de quebra, por sinestesia.

A geração convencional do proletariado e a classe-média não-feminista é que criaram as condições objetivas e subjetivas para o feminismo revolucionário.

Então, as contradições internas do sistema machista e sexista, novamente gerariam a revolução feminista, o que seria a salvação do ciclo feminazista na estrutura societal.

Emily não consegue chegar perto de um homem "Esse medo me perseguiu a vida inteira e nem sei explicar como e quando começou.

Ainda sou virgem e não consigo me aproximar de homens, mas não sinto atração sexual alguma por mulheres", conta Emily, 26 anos de idade.

"Sei apreciar a beleza dos homens em fotos, mas é impossível para mim ficar em um quarto sozinha com um sem sentir medo", explicou.

As informações são do jornal The Sun. Esse tipo de fobia geralmente surge após alguma situação traumática de abuso, o que não é o caso de Emily.

Ela apenas tem medo dos rapazes desde sua infância, a qual passou em uma casa com mulheres apenas - já que seu pai se separou de sua mãe quando tinha apenas 6 anos e nunca mais apareceu.

Uma das primeiras lembranças da britânica em relação ao medo incontrolável vem de quando tinha 13 anos.

"Eu tinha que assinar para receber um documento e um homem que eu não conhecia batia na porta para entregá-lo.

Entrei em um estado tão intenso que minha irmã achou que eu estivesse com febre e me mandou deitar", contou.

Emily conta que começa a se sentir mal e quente, como uma febre normal e, depois, vem a falta de ar.

Os ataques geralmente duram entre 10 minutos e uma hora.

"Até para encontrar meus amigos, fazia questão de que eles viessem até minha casa para que eu não visse os pais deles".

"Eu sei que tenho que ter domínio sobre meu medo. Se não conseguir, penso em considerar uma inseminação artificial para poder ter filhos".

Síndrome da viúva-negra (espécie de aranha que devora o macho após ser fertilizada por ele)

Algumas inúmeras mulheres que conheço, que convivi, sofrem desta síndrome, onde o homem é objeto do desejo para o acasalamento e nunca para o casamento.

Depois de cumprirem com seu papel de banco de esperma, são descartados e as viúvas-negras vivem felizes para sempre com seus filhotes e a gorda pensão alimentícia do macho morto.

Para mim que fui um dos descartados, digo que não é nada bom e desejável, ainda mais quando o divórcio nos separa dos filhos, nos jogando para uma geografia que não sonhamos, nunca quisemos e jamais ambicionamos. Depois que conseguem os filhotes e matam seus machos, a única opção plausível para os homens é administrar a separação dos filhos e organizar um jeito de vê-los constantemente, participar de suas vidas e adaptar às nossas vidas às deles. (Cláudio Nunes Horácio).

Muitas mulheres não percebem que podem ter problemas com a convivência masculina.

As que conseguem perceber qualquer problema com a convivência masculina podem desenvolver comportamentos violentos ou comportamento ansioso.

Muitas tentam superar esta dificuldade no relacionamento fóbico com o macho tentando transformar o macho em uma simulação feminina.

Geralmente tem uma imagem do macho totalmente oposta a imagem feminina, portanto, plausível de ser modelada e transformada em algo mais assimilável ao jeito feminino de ser.

Assim estas dedicadas transfomadoras veem o macho como algo a ser trabalhado, lapidado e transformado em sua versão malcheirosa, cheia de espinhos no rosto, peluda, bruta, malvestida, barulhenta, áspera, grosseira, indelicada, insensível, desatenta, assim sonham em transformar o macho numa espécie de bambi doméstico para o seu desfrute, às vezes sem combinar isso antes, durante e depois do início da operação de transformação.

Os papéis sociais que formam a categoria gênero, (e não são estanques), foram sendo construídos e reconstruídos de acordo com o contexto histórico, assim como os papéis do jovem / velho, pais / filhos, aluno / professor, marido / esposa, namorado / namorada, acho que já percebeu onde quero chegar, né...

Papéis sociais refletem uma época, uma geografia, a trajetória histórica de uma comunidade, por isso as revoluções / reformas dos papéis são quase que obrigatórias e desejadas pelo inconsciente coletivo, (desculpe a aula de Sociologia), para quem não acredita nisso, serve a um necessário processo evolutivo inelutável.

Papéis sociais são expectativas de comportamento da sociedade.

Podem ser contraditórios, cooperativos, reforçados, criminalizados, reprimidos, reconstruídos, coercitivos, censurados, reprovados socialmente, mas fazem parte do estatuto de pertencimento aos grupos e classes sociais, onde o indivíduo multifiliado pode e deve pertencer a diversificados grupos simultaneamente, e ter de prestar lealdade a cada um dos grupos e classes sociais em função destes papéis sociais, muitas vezes ocultando conflitos pessoais e alterando o seu comportamento em função destas lealdades primárias.

Ninguém nasce feminino ou masculino. Esta condição de gênero, ou comportamento social é o resultado do treinamento obrigatório do estatuto social imanente ao estatuto de pertencimento à sociedade; este treinamento básico define o status social do indivíduo e a sua aceitação no grupo e na sociedade.

Se voce é mulher e não gosta do jeito masculino, tenho uma péssima notícia para voce: a culpa não é masculina. Voce nasceu assim ou em algum momento de sua vida voce foi afastada da convivência com o sexo masculino, a figura do pai ausente está deixando uma lacuna em seu modelo de masculinidade afetiva, ou pode ter sido pior: voce provavelmente sofreu violência sexual masculina e isto é a pior de todas as experiências na vida de uma pessoa.

Muitas gerações têm sido gestadas em série de famílias onde o pai fica ausente durante todo o ciclo de desenvolvimento dos infantes, isto significa que a única imagem e modelo destes filhos é o da mãe que substitui o pai ausente.

Esta circunstância em algumas regiões do Brasil é tão frequente que as meninas desenvolvem um instinto de aversão e comportamento extremamente agressivo com os seus futuros parceiros porque já está introjetada na cultura que a mulher deve ser sempre o único referencial de uma família.

O matriarcado está em alguns casos implantado em

mais de cinco gerações sem sofrer descontinuidade, o que seria para alguns um problema, passa a ser um estilo de vida.

"Paraíba masculina muié macho sim-senhor" de Luiz Gonzaga parece ser uma profecia que se autorrealizou nas cidades pequenas principalmente do Nordeste do Brasil, e em todas as favelas dos centros urbanos onde grassa a miséria e a pobreza.

Em Brasília houve um tempo em que durante a campanha de erradicação das favelas, aqui chamadas invasões -(CEI daí o nome da maior cidade do Distrito Federal se chamar CEIlândia), os títulos de propriedades das casas e lotes distribuídos aos favelados serem nominais às mulheres e não ao casal ou ao marido.

A Lei Maria da Penha, as Delegacias especializadas no atendimento à mulher são paliativos que tangenciam o problema sem resolvê-lo, qual seja: a ausência do pai em muitas gerações cultivou uma enorme aversão ao masculino nas camadas sociais pobres do Brasil, criando um hiato entre os homens e as mulheres, e este comportamento tende a ser reforçado por medidas punitivas.

Mulheres mais fortes e protegidas dos homens ao invés da reconciliação dos pais com os filhos levam ao agravamento da síndrome da viúva-negra e da androfobia.

Esta será a quadricentésima vez que leio um manifesto feminista e reproduzo este excerto sem ainda lograr uma refutação a altura! Aqui vai:

"Bem que eu exultaria em concordar que a mulher chegou lá!

Adoro torcer pelos oprimidos, até por solidariedade mecânica, pois sou negro e sei o que é isso.

Os politicamente inocentes criaram um falso clima de que a mulher finalmente chegou lá!

Quem dera que fosse verdade!

Nós os negros e as mulheres temos uma enorme caminhada a percorrer para provarmos a nossa competência diante da dianteira do homem branco ocidental.

Os homens criaram praticamente tudo que existe na vida moderna sem permitir a menor participação feminina, pois criaram, entre outras coisas: Submarino; Navio a vapor Aviões Automóveis Computador Sistemas Operacionais digitalizados e analógicos para dispositivos computadorizados Helicópteros hélice Geradores elétricos Solda Elétrica Caneta esferográfica Máquina de lavar roupa Secadores de cabelo Chapinha elétrica de cerâmica Microprocessadores de semicondutor.

Inventaram, descobriram a Física, Química Matemática
Geografia Filosofia Psicologia Medicina Antropologia
Sociologia Astronáutica Astrologia Engenharias e enfim,
não deixaram quase nada para as mulheres
descobrirem ou inventarem.

Este fato deixou as mulheres em uma situação tal que
as mesmas encontram-se sem condições de provarem
as suas qualidades intelectuais por total ausência de
qualquer oportunidade deixada pelos machos.

Não existe nenhum fato histórico comprovando a teoria
de que o homem oprimiu historicamente a mulher
deixando-a neste estado de total submissão e
desimportância tal que precisou de um movimento
internacional de libertação e liberalização.

Seria uma conspiração machista transnacional e
intertemporal em uma época em que os continentes
nem se imaginavam as existências uns dos outros, nas
eras de pré colonização (pré-colombiana) e pré
descobrimentos das Índias, Américas e África; quanto
devaneio..!

Mulheres sensatas não culpam os homens por uma
situação de opressão machista.
Pergunte-se: porque somente agora as mulheres se
descobriram oprimidas pelo machismo?
Pergunte-se se existe algum fato na História da
humanidade que comprove que o machismo existiu?

Há duzentos anos passados a sobrevivência da espécie
humana esteve dividida entre o macho e a fêmea
humanos.

A fêmea cuidava da prole e da subsistência doméstica
e o macho caçava, lutava, trabalhava com as
ferramentas que ele mesmo elaborava.

O trabalho era tão penoso que a humanidade vivia
escravizando povos mais desorganizados e civilizações
menos providas para explorar as poucas fontes de
energia disponíveis.

Desde muitos milênios cortando árvores, quebrando
pedras, arrastando e empilhando massas, o macho
inventou as máquinas para ajudá-lo a trabalhar.
Foi somente com a descoberta pelo macho da
eletricidade, da roda, do parafuso, do plano inclinado,
da alavanca, da roldana, do machado, da Geometria,
da Química que foi possível substituir o trabalho
escravo pelo trabalho das máquinas.

Então a Inglaterra que fez a Revolução Industrial foi a
primeira a combater a escravidão humana para
espalhar as suas máquinas a vapor pelo mundo.

Onde estava a mulher todo este tempo, em que as
guerras eram travadas olho-a-olho enfiando a espada e
a lança no ventre do inimigo e carregando o mundo nas
costas e no lombo dos animais?

Respondo: sendo exploradas pelo machismo, em casa,
cuidando dos filhos e da alimentação enquanto o
macho opressor carregava o mundo com suor e
sangue.

O trabalho humano mudou muito hoje.

Não existe a dependência da força bruta humana, as

máquinas fazem quase tudo.
É este mundo que as feministas reivindicam.

Um mundinho sem trabalho braçal.
Para justificar a sua histórica lerdeza e completo
alheiamento da história da civilização a mulher vem
culpar o macho por não ter participado deste progresso.

A mulher foi durante milhões de anos privilegiada sendo
poupada de todo o labor árduo e perigoso, foi protegida
e sustentado pelo trabalho masculino pesado.

Agora que o trabalho humano é atrás de uma máquina
ou computador, quando até um paraplégico consegue
dirigir uma carreta, um navio, um avião a mulher se
apresenta toda faceira arrogando a sua condição de
igualdade ignorando que o macho nunca foi nem será o
seu algoz.

Exigimos pedidos de desculpas às feministas, por essa
falsa acusação.